TOEIC®テスト280点だった私が半年で800点、3年で同時通訳者になれた42のルール

小熊弥生 同時通訳者
Yayoi Oguma

幻冬舎

TOEIC®テスト280点だった私が
半年で800点、
3年で同時通訳者になれた
42のルール

はじめに

ビジネスのグローバル化が進む昨今、英語力の必要性は日に日に高まっているように思います。社内公用語を英語にしたり、入社や昇格の条件としてTOEICのスコアを課したりする日本企業も増えてきました。英語力を伸ばす方法に興味を示す方が多いのは、当然のことでしょう。みなさんも、「何とかして英語力を上げたい」「いい英語の勉強法を知りたい」と思って本書を手にとってくださったことと思います。

私が初めてTOEICを受けたのは、短大卒業直後のことでした。通訳になりたいという希望を胸に受けた記念すべき初回のスコアは、たったの280点。しかし半年後にはTOEICで800点を超え、さらにその3年後、海外生活経験ナシのまま通訳デビューを果たしました。現在は、ビジネスシーンを中心にフリーの同時通訳者として働いています。

こうした私の英語歴をお話しすると、多くの方は「それはずいぶん変わった経歴ですね」と驚きの表情を浮かべます。そして必ず、「一体どうやって英語を勉強したんですか？」と尋ねるのです。


私には、語学の特別な才能はありませんでした。裕福な家庭に育ったわけでもなく、「英語の勉強をするために、いつもお金に苦労した」といっていいと思います。短大卒業後、英語を本格的に勉強し始めた頃は、アルバイトを3つ掛け持ちしながら語学学校に通っていました。お金も勉強時間もない中、「何とかして英語力を伸ばしたい、英語で食べていきたい」という一心で、試行錯誤しながら勉強してきたのです。

しかし、苦労しながら自分であれこれ試したおかげで、英語学習で大切なポイントをつかむことができたように思います。その一方で、「どうやって英語を勉強したのか」と聞かれ、自分の経験を振り返りながら様々な人と対話を重ねるうちに、私は「英語へのアプローチの仕方を間違えている人が多い」ということに気づきました。

かつての私のような「カネなし」「時間なし」「留学経験なし」という状況でも、英語をものにすることは十分に可能です。しかし、いくら時間やコストをかけて勉強しても、アプローチ方法が間違っていれば効果は思うようにあがらないのです。そのことを知らず、「一生懸命英語を勉強しているつもりだけれど、なかなか使えるようにならない」「せっかくお金を払って英会話学校に通い始めても、仕事が忙しくて続かない」といった悩みを抱えている人が少なくありません。

私がどう英語にアプローチしたか、どんなふうに英語学習を実践してきたか、そして英語学習のポイントがどこにあるのかをご紹介すれば、「英語を何とかしたい」と思っている方々のお役に立つことができるのではないか――そんな思いが日に日に強くなってきたことが、本書執筆に踏み切った動機です。

あらかじめお断りしておきますが、私は「短期間で誰でも英語がペラペラになる」「○○するだけでラクラク英語の達人になれる」というような、〝夢の学習法〟を紹介できるわけではありません。語学の習得にはやはりある程度の時間がかかるものだということは、最初にきちんとお伝えしておきます。しかし、「英語を使いこなせる自分」に最短距離で到達する方法はありますし、それをみなさん一人ひとりが実践に移せるかたちでご説明することはできると思っています。

そう、ポイントは「一人ひとりが実践に移せる」というところ。詳しくは追って解説していきますが、実は英語学習というのは、人によって適切な方法が異なるものなのです。「自分の目的に合致した方法」「自分の性格やライフスタイルに合った方法」「より効果的な方法」を選んで勉強しさえすれば、英語は誰でも、必ずものにすることができるのです。

本書を読み終えた時、きっと「英語の勉強法にこんな考え方があったのか」という発見や、「これなら英語が使えるようになりそうだ」という手応えとともに、英語を勉強したいという気持ちがわき上がってくるはずです。

それでは早速、「英語を使いこなせる自分」を目指して進んでいきましょう！

TOEICテスト280点だった私が半年で800点、3年で同時通訳者になれた42のルール

目次

第1章 TOEIC280点でも、留学しなくても同時通訳者になれる

第2章

目標が決まれば学習効率はとてつもなく上がる！

第3章

他の人と同じ学習法では英語は伸びない

第4章 TOEICで手っ取り早く高得点を取る手法はこれだ！

第5章 オリジナル英語学習プログラムで人生を10倍楽しむ

装丁●石間淳

カバー写真●新田健二

編集協力●千葉はるか

DTP・図版●美創

英文チェック●Danielle Wilson

第1章

TOEIC280点でも、留学しなくても同時通訳者になれる

Rules01~07

「20歳を超えているのに英語ができない状態では、まず無理です」――短大卒業直後、通訳者になりたいという夢を持って動き出そうとした矢先、通訳エージェントの方からこう宣告された時のショックは、今でも忘れられません。

確かに、当時の私の英語力は、とても通訳になりたいなどといえるレベルではありませんでした。在学中には英語検定3級も取れず、卒業後に初めて受けたTOEICのスコアは280点。「通訳者になりたい。どうしたらなれますか?」と尋ねる私に、「通訳はあきらめて、通訳のコーディネーターを目指してはどうでしょう」とアドバイスをくれたその人は、誠実な方だったのかもしれません。

でも、私は夢をあきらめることができませんでした。

01
Rules

英語学習の環境は自力でつくる！

チャンスはどこに転がっているかわからない

英語が話せるようになりたいと思うようになったのは、高校2年生の時のことです。当時通っていた高校に、教育実習生として、シンガポールの大学院を卒業したバイリンガルの女性がやってきたのです。

人生で初めてバイリンガルの人に会い、ほかの英語の先生とはまったく異なる発音の美しさに驚いただけでなく、その堂々とした振る舞いや凛《りん》とした美しさに見とれました。さらに、彼女がシングルマザーだったことも、私には衝撃でした。当時、一人で子どもを育てながら自立して生きるという女性像は、まだあまり一般的ではなかったのです。その生き方も含めて彼女にあこがれ、「かっこいいな」と感じたことが、「私もあんなふうに英語を話したい」という気持ちにつながっていきました。

私はお小遣いを節約してお金を貯め、ブリティッシュ・カウンシル（イギリスの国際文化交流機関）で英会話を習い始めました。それまでは英語が大嫌いだったことを思うと、我ながらずいぶんな急変ぶりだったと思います。高校を卒業する時は母親を拝み倒し、卒業旅行としてロサンゼルスで3週間のホームステイを経験。アメリカのカルチャーに触れたことで、英語へのあこがれはさらに高まっていきました。

最初に挫折感を味わったのは、短大に進学する時です。英語を勉強する気満々で英文科を志望していたのに、成績が足りず、国文科に進むことになってしまいました。「それなら国文科の中で何とか英語に触れよう」と考え、外国人向けの日本語教師を目指せそうなゼミに入ろうとしたのですが、そのゼミの選考にも落選。希望のゼミに入れないとわかった時は、人目もはばからず、その場で泣き崩れたことを覚えています。

私は「英語を勉強したい」という強い思いを抱え、悶々《もんもん》としました。当時は家庭内でさまざまなトラブルが発生していて、英会話学校に通うような金銭的な余裕はありませんでした。

そんなある日、地下鉄に乗っていた私の目に、外国人の男女の姿が飛び込んできたのです。気がつくと、私は「英語を教えてもらえませんか？」と声をかけていました。

この話をすると、「見知らぬ外国人に、急に話しかけるなんて……」と驚かれることが少なくないのですが、当時の私は「英語を勉強したい」という思いがあまりに強く、何かに取り憑《つ》かれたかのように自然に身体《からだ》が動いてしまったのです。

話をしてみると、男性はハーバード大学の学生で、休学して日本で英会話講師をしているという、私にとってはまさに〝理想の人〟。その場で「日本語を教えるから、代わりに英語を教えてほしい」と交渉を始めると、「今からパーティーに行くから、とりあえず一緒にどう？」と誘われ、彼との交流がスタートしました。

もっとも、承諾を取り付けて相互レッスンを始めてみると、相手の日本語はレベルがかなり高く、私に教えられることはそう多くはありませんでした。一方の私の英語力は、本当にお粗末なもの。そんな私の状況を見かねたのか、半年ほど経《た》った頃、彼は「アメリカ人の学生同士でルームシェアをするんだけれど、一緒に住んではどうか」と提案してくれました。おそらく彼のほうにも、「部屋を借りる際、同居人に日本人が入っているほうが何かと便利だ」といった事情があったのではないかと思いますが、私にとっては願ってもない話。両親が離婚したこともあって「これからどこで暮らしていこうか」と考えあぐねていたこともあり、「渡りに船」とばかりに二つ返事でＯＫしました。

恋愛よりも、英語の環境をとった私

勢い込んで行動したため、５人のルームメイトが全員男性だと気づいたのは転がり込んだ後のこと。周囲には「女性一人でそんな環境に飛び込むなんて信じられない」という人もいましたし、付き合いたいと思っていた男性に振られてしまうなど痛い思いもしました。それでも、当時ルームメイトから学んだことは、その後の私の生き方を大きく変えてくれたと思っています。

アメリカ人のものの考え方は、日本人とは異なる部分がたくさんあります。私が「今日、夜道で不審な人がついてきて怖かった」と泣いた時は、誰一人として「大丈夫だった？」などと心配する様子を見せず、「自分の身は自分で守るのが当たり前」といわれました。彼らの言葉に「あぁ、自分が甘かったんだな」と気づかされ、自分の身を自分で守るという意識を持つようになると、不思議とトラブルに巻き込まれることもなくなりました。こうした経験を通して、自立心が強くなり、精神的にたくましくなったように思います。

また、ルームメイトの学生たちは、日本の政治やアメリカ社会の問題点などについて、毎晩のように議論するのが当たり前でした。そして、英語がほとんど話せない私にも「君はどう思うか」と意見を求めるのです。会話の内容がわからないながらも必死に食らいつき、質問をし、自分の意見を話すと、彼らは「そうやって意見をいえるんだから、君はとてもintellectual（知性のある人）だ」といってくれました。

短大で志望した学科にすら入れないほど頭が悪いうえ、時間が守れない、忘れ物が多い、整理整頓が苦手など、「人並みのことができない」というコンプレックスを持っていた私にとって、彼らの言葉は本当にうれしかったのです。もともと英語へのあこがれがあったうえに、「英語を頑張ってアメリカ人からintellectualだといわれ、自分のアイデンティティを認めてもらえた」という体験が重なり、私の英語への思いはさらに強くなっていきました。

02
Rules

「お金がなくて食べられない」状況が身を救う！

「英語が話せるつもり」で受けたTOEICは、280点

短大時代は、自分のキャリアについて明確なビジョンはありませんでした。外国人が集まるイベントで"here you go."などといいながらパンフレットを配る英語コンパニオンのアルバイトをしていて、その縁でナレーションの仕事を受けることもあったので、漠然と「ナレーターの仕事を広げて、有名ナレーターのようにラジオのパーソナリティーをやれるようになったらいいなぁ」と思っていました。通っている短大では企業にOLとして就職し、事務の仕事をするという人が大半でしたが、私は「整理整頓もろくにできない自分にOLが務まるわけがない」と思っていたので、就職活動もしなかったのです。

「進路をきちんと決めよう」と思い立ったのは、短大を卒業した直後のこと。きっかけは、

卒業旅行先のハワイで短大から「今の成績では卒業できないので即刻追試を受けるように」という連絡を受け、高い航空券を買って日本に戻るはめになったことです。なけなしの預金が底をつき、卒業式の翌月には所持金が6円しかありませんでした。「お金がなくて食べられない」という状況になって、どうやってお金を稼ぐか、仕事のことを真剣に考えざるをえなくなったわけです。

私は家の近所にある図書館に行き、『スチュワーデスになるには』といった職業紹介本を読みあさりました。ここでいくつかに候補を絞って検討し、最終的に「これだ」と思ったのが、通訳だったのです。

私が読んだ本には、「通訳は学歴に関係なく、女性でもコツコツ頑張れば年収2000万円も夢ではない」と書かれていました。お金にとても困っていましたから、「稼げる」というのは私にとって仕事選びの重要なポイントでした。英語を使って日本と外国の橋渡しができて、そのうえ頑張れば高収入も目指せるというのですから、通訳は私の希望にぴったりだと思ったのでした。

アルバイト3つを掛け持ちする日々

その時点で、私は通訳になるためにどの程度の英語力が必要なのかをきちんと理解できていませんでした。それでも、アメリカ人と1年以上ルームシェアした経験がありましたから、「私は英会話ができるはずだ」と思っていたのです。ところが「とりあえず力試しに」と思って受けたＴＯＥＩＣのスコアは、たったの２８０点……。

これは今考えてみれば当然のことで、ルームシェアをしたといっても、海外留学のように24時間英語に触れていたわけではありませんでしたから、英語力はそれほど伸びていなかったのです。当時の私の英語レベルは「ブロークンな表現でちょっとした日常会話ができる」という程度。ＴＯＥＩＣに出てくるような、ビジネスシーンで必要とされる単語はほとんど知りませんでした。

英語ができるつもりで通訳になる気満々だったのですから、２８０点というスコアには相当なショックを受けたはずですが、なぜか当時の自分がどんな気持ちだったのかを思い出すことができません。もしかすると、あまりに衝撃が大きすぎたために、自分の記憶から感情を消し去ってしまったのかもしれません。

それでも私はあきらめきれず、有名な通訳育成学校の門をたたきました。私の英語力では通訳のトレーニングを受けるクラスには入れず、「英語専修」といわれる基礎クラスの一番下のレベルになんとか入れてもらえる、という状況でした。

授業料を払うためにアルバイトを3つ掛け持ちしながら通いましたが、通訳育成学校ですから授業は時事英語が中心。まったくといっていいほど歯が立ちません。バイトで疲れているうえに、授業が難しくてついていくことができず、眠気を催すことも少なくありませんでした。

通訳育成学校に通うようになって初めて、私は自分の絶対的な英語力不足に気づきました。「このままじゃダメだ、何とかして留学しよう」――そう考えるようになるのに、時間はかかりませんでした。

03
Rules

半年間の勉強でTOEIC800点は確実に取れる！

「おかしな人だ」と思われても気にしない

留学を決意し、情報収集してわかったのは、アメリカの大学に留学するにはTOEFLを受けなくてはならないこと、TOEFL受験に定評のあるトフルゼミナールという学校があることでした。当時のトフルゼミナールには午前中のみ授業を受ける半年間のコースがあり、その授業料が46万円。私にとっては、かなりの大金です。

私は数カ月間アルバイトに没頭し、必死に節約して、何とか46万円を用意しました。この頃に編み出した節約法は、それだけで本を1冊書けそうなほどです。貯めたお金を握りしめてトフルゼミナールに駆け込んだのは、大学を卒業した年の9月のことでした。

家賃と生活費を稼ぐほかに留学費用の準備も必要でしたから、トフルゼミナールに通っている間もアルバイトを3つ掛け持ちしていました。午前中は授業を受け、午後から早朝まではみっちりアルバイトという生活で、若かったとはいえ疲れがなかったわけではありません。しかし「46万円もの身銭を切ったんだ」という思いは強く、お金を無駄にしたくない一心から、授業への集中力が切れることはありませんでした。

自習時間は深夜アルバイトの合間の休憩時間くらいしかなかったので、「授業で習ったことは授業中に全部自分のものにしなくては」と考え、授業中は、先生やほかの生徒がいうことをすべて自分の口でブツブツと反復。周囲からすればちょっと迷惑だったかもしれませんし、「おかしな人だ」と思った人もいたのではないかと思いますが、私はそういったことにまったく思い至らないほど必死だったのです。

英語力を格段にあげる「ブツブツ反復」とは

「ブツブツ反復」は、当時の私にお金と時間がなかったことから自然に生まれた学習法ですが、「受け身で聞くだけでなく、自分の口でいう」というのは、英語をものにするのに非常に効果的でした。

近年、耳で聞いた英語をそのまま口にする勉強法は「シャドーイング」と呼ばれて注目を集めていますが、今思えば「ブツブツ反復」はまさにシャドーイングを実践していたことになっていたのではないかと思います。

この頃、「お金も時間もない」という環境からひねり出した学習法はほかにもあります。

一つは、単語を紙に書いて目につくところに貼り、声に出して読むこと。きっかけは、勉強で使うA4サイズのクリアブックを買った時、「クリアポケットの中に入っている紙がもったいないな」と思ったことです。そこで、その紙に1枚あたり10〜20くらいの英単語を書き、部屋の壁やトイレのドアにぺたぺたと貼り始めました。バスルームですら、クリアフォルダに入れた紙をぬれにくい場所にセットし、シャワーを浴びながら単語を覚えるようにしていました。

もう一つは、英語の聞き流しです。外国人とのルームシェアで少しは耳が鍛えられていたはずですが、それでもTOEFLのリスニング問題は、当時の私には速くて聞き取りにくいと感じました。「速いと感じるのは、耳が慣れていないからだ」と考え、とにかく可能な限り耳に英語を入れ続けることにしたのです。大好きな映画『プリティ・ウーマン』の音声をカセットテープに入れ、移動中はもちろん寝ている間も、何度も繰り返し聞き続けました。

こうした勉強を半年間続け、再度ＴＯＥＩＣを受けてみると、なんとスコアは８０５点。たった半年の勉強で、一気に５００点以上もアップできたのです。

04
Rules

TOEIC800点超えで、英語に関わるチャンスをつかむ

アンテナをはっていれば、チャンスは向こうからやってくる

TOEICのスコアが800点を超えたといっても、英語の運用能力が大幅に上がったという実感はありませんでした。「このスコアは何かの間違いではないか」と、狐につままれたような気持ちになったほどです。

実際、自分の経験に基づいていえば、「TOEICで点数が取れること」と「英語を使えること」は必ずしもダイレクトに結びついているわけではないと思います。しかしTOEICのスコアが、英語に関わる仕事を得たいという人にとって、チャンスを広げる強力な武器になることは間違いありません。

「もしこのスコアが間違いによるものだったとしても、せっかく取ったのだからどうにかして活用したい」――そう思った私は、すぐに転職情報誌を買い、TOEIC805点で

応募できる仕事を探しました。すると、大手英会話学校が「TOEIC800点以上」という条件で講師を募集していたのです。

採用試験で筆記テストを受けて合格すると、その場で英会話学校のスタッフを相手に模擬授業をするように指示されました。この時に役立ったのが、トフルゼミナールでの「ブツブツ学習」。半年間の授業中、先生が話すことを逐一シャドーイングしていましたから、どんなふうに話せばよいかと迷うことはありませんでした。

"Hi, how are you? Today's lesson is: What do you do for a living?"

生徒役のスタッフが「何を聞かれているかよくわからない」というような困った顔をすると、すかさずその人の前で膝をつき、目線の高さを合わせて"What's your job?"と質問を言い換えて対応。模擬授業はスムーズに進み、素人のわりに堂に入った教えぶりが評価されたのか、なんと主任講師として採用されることが決まったのです。

ちょうどその頃、並行して海外の大学も受験していたのですが、合格したとしても学費を払える目処《めど》は立っていませんでした。一方、英会話学校の講師なら、学校の教材などが使い放題で、そのうえお給料までもらえるというのですから、当時の私にとっては願ったりかなったりだったのです。私は進路変更を即断し、採用試験の1週間後には英会話学校の研修を受けていました。アメリカの大学から合格通知が届いたのは、講師として働き始めた後のことでした。

執念はモチベーションに変えられる

こうして、英会話学校の講師として朝から晩まで〝英語漬け〟の生活が始まりました。「英語が仕事」や「英語で仕事」という環境は、仕事のために英語を勉強し、学んだことを仕事で使うことによって効率よく身につけるというサイクルが生まれるため、英語の運用力アップには非常に恵まれているといえます。

しかし、その頃の私には「恵まれている」と感じる余裕はなく、毎日が必死でした。自分に英語を教えられるかどうかもろくに考えず、勢いで飛び込んだ世界。主任講師は初級〜中級の英会話のほか、TOEIC対策やTOEFL対策、英検準1級対策、大学受験対策などの講義も受け持つことになっていましたが、教えなければならないことの中には、「私自身、勉強するのが初めて」というものも入っていました。

授業を始めて一番困ったのは、ホワイトボードに単語を書く時にスペルを間違うことでした。たった半年勉強しただけの〝付け焼き刃英語〟でしたし、私は文字よりも音で英単語を覚えるほうが得意だったので、正しいスペルを知らない単語がたくさんあったのです。ほかの講師の方から、「教える立場なんですから、スペルを間違ってはダメですよ」と注意されてしまったこともありました。

勤務は毎日、昼の12時から夜10時まで。深夜に帰宅すると、翌日の授業に必要なテキストや辞書、参考書などを持ってファミリーレストランに行き、朝4時まで勉強するのが日課になりました。授業で自分が使いたい表現、想定される質問とその答えを考え、正しいスペルを確認しながらテキストに書き込んで授業に備えるのです。

自分がお金に苦労したこともあって、「生徒には、きちんと授業料分以上のものを持ち帰ってほしい」という強い思いがありました。他人に教えるには、「自分の理解度が120%」というくらいの状態でなくてはなりませんから、勉強にも力が入ります。

もう一つ、毎日の勉強のモチベーションになったのは、「TOEICで900点以上、英検1級を取りたい」というほとんど執念のような思いでした。私以外の主任講師の方たちは優秀な人が多く、「ＴＯＥＩＣ９００点以上」「英検１級」をごく当たり前に取得していたのです。８０５点というＴＯＥＩＣのスコアは私のコンプレックスになり、「なんとかしなくては」という強い焦りを感じるようになっていました。

05
Rules

TOEIC950点を取得したら、次なる目標に挑戦！

英会話学校で無料体験レッスンを受けまくる日々

〝英語漬け〟の生活を始めて半年が過ぎると、TOEICのスコアは自然に850点までアップしました。ところが、ここからなかなか点数が伸びず、「たった半年で500点もアップできたのに、どうして点数が上がらなくなってしまったのだろう」と悩むようになります。

私は、自分に足りないものは何かを考えました。講義の準備をしたりTOEICの問題集を解いたりと、独学ならいくらでもできます。問題は、客観的に私のウィークポイントを見て修正してくれる〝先生〟がいないことでした。

そこで私は、毎週のように様々な英会話学校に行き、無料体験レッスンやレベルチェックを受けることにしました。レベルチェックとは、講師と1対1で20〜30分ほど会話をして現在の英語レベルを確認するというもので、どの英会話学校でも無料で実施してくれます。そうやって今週はA英会話学校の○○校、次の週はB英会話学校の××校……と〝道場破り〟のように渡り歩く中で、ある大手英会話学校の銀座校でよい先生と巡り合い、正式に週1回半年間のグループレッスンを申し込みました。もちろん、自分の職業は内緒です。

グループレッスンでは、ただレッスンを受けるだけでなく、自分が英会話学校で教えていて疑問に思ったことをまとめて質問するようにしていました。間違いを正してもらえる機会をつくったことで、独学だけに頼っていた頃と比べて、勉強の効率がぐっと上がったように思います。

また、独学の方法も一部見直し、TOEICの問題集を繰り返し解くという学習法を取り入れ始めました。それまでは目についたTOEIC対策の本をすべて買い、新しい問題集を次々と解いていたのですが、ある日、「いつも同じパターンで間違えている自分」に気づいたのです。そこで、間違えた問題に印をつけて重点的にやり直すようにしたところ、スコアがまた上昇し始めました。

英会話学校の講師になって1年が過ぎた頃に、目標の一つだった「TOEIC900点」を突破。さらにその半年後には、スコアが950点を超えました。

私が最初にTOEICを受けたのは、通訳者になりたいと思ったことがきっかけでした。通訳にはほど遠い英語力しかないことがわかって留学を志し、トフルゼミナールに通い、その後に受けたTOEICのスコアが予想以上によかったことから思いがけず英会話学校講師になりました。しかし、「通訳者になりたい」という夢はずっと持ち続けていました。

講師になって1年半、レッスンを充実させること、講師として恥ずかしくないレベルまでTOEICのスコアを上げることに力を注いでいた私ですが、950点を超えたことを機に「通訳者になるための勉強をしたい」という思いが再燃。2年前には箸にも棒にもかからなかった通訳学校を受験すると、今度は通訳翻訳のトレーニングを行うコースの一番下のクラスに入学することができました。そこで、英会話学校の仕事は非常勤講師として続けながら、通訳学校に通学。1年半後、念願の英検1級と通訳検定2級に合格したのです。

06
Rules

帰国子女との差に愕然としても折れない心をつくる

外資系企業に通訳者として入社し、思い知った現実

英検1級と通訳検定2級に受かったとはいえ、すぐに通訳者になれるとは思っていませんでした。通訳の仕事をするには高い英語力が必要ですから、「自分はまだまだだ、10年くらいは勉強を続けなければ」と考えていたのです。

しかし、英会話学校の同僚が、「英検1級と通訳検定2級を持っていれば、通訳になれる。『ジャパンタイムズ』に通訳の求人広告が出ているから、応募してごらん」と勧めてくれたので、求人をチェックし、ある地方公共団体とエンターテインメント系の外資系企業に応募すると、自分でも驚いたことに、両方から合格の連絡をいただくことができました。23歳、TOEICで280点を取った時から、3年半後のことです。

ちなみに、外資系企業の採用選考の際に役立ったのは、ＴＯＥＩＣの成績でした。

私にとっては英検1級のほうが難度は高かったのですが、上司となる外国人の方は、「英検1級を持っています」といわれても、それがどのくらいのレベルなのかピンとこなかったようです。この点、ＴＯＥＩＣはパーセンタイルランクという数字が出るため、受験者の中でどれくらいの位置にいるのかを相手に示すことができます。「ＴＯＥＩＣでトップ1％に入っている」という実績は、有効なアピールになったように思います。

こうして私は外資系企業に入社して働き始めることができました。

ＴＯＥＩＣ280点からたった3年半で念願の通訳者になれたのですから、端《はた》から見ればサクセスストーリーのように思えたかもしれません。しかし現実には、自分の英語力がまだまだ足りないことを早々に思い知らされることになりました。

そもそも私が入った外資系企業は社員に帰国子女や留学経験者が非常に多く、受付の方や役員秘書まで海外生活経験者。社内通訳者は約10人いましたが、私のように帰国子女でもなく留学経験もない〝純国産〟という人はほかに1人だけで、その方は東京大学出身で長い通訳キャリアを持つ40代の才媛でした。私はといえば、「海外生活経験なし、短大卒、通訳者としてのキャリアなし」。ほかの社内通訳者と比べると、英語力は「ひどい」としかいいようのないレベルだったのです。

私はスランプに陥り、さらに英語の勉強に没頭する日々を送りました。

また、通訳者として仕事をするにはビジネスの知識が足りないことに気づき、日本経済新聞だけでなくビジネス書も熱心に読むようになりました。通訳の仕事は、英会話ができるだけでは成立しません。ビジネスの中身を理解し、そこで使われる日英の表現を知っていなければ、意図をくみ取って正しく訳すことはできません。

勤務先には外資系企業ならではの〝パーティー文化〟があり、社員同士がプライベートで遊ぶ機会が多かったのですが、私は金曜日の夜以外は遊ばないと決めて勉強にいそしんでいたので、パーティーにはほとんど参加しませんでした。今思い返すと、人付き合いはかなり悪かったのではないかと思いますし、周囲から見れば勉強ばかりしている変人に見えたかもしれません。当時は、精神的にかなり追い詰められていたように思います。

自分の直感を信じる！

この外資系企業には2年間勤めましたが、私がそこで悟ったのは「発音の美しさや会話の流暢《りゅうちょう》さ、海外文化の理解度などでは、どう頑張っても帰国子女にかなわない」ということです。

それまで、私には「いつかはネイティブのように英語を使いこなせるようになりたい」という思いがありました。英語を学ぶ際も、ネイティブの発音や表現を習得するということをいつも意識していたのです。しかしよく考え抜いた末、私はネイティブを目指すのはあきらめることにしました。いつもパーティーで楽しそうに遊んでいる同僚を横目に、「自分が彼女たちに勝てるものは何だろう」と考えた時、「帰国子女と自分を差別化するには、ネイティブを目指すよりも、勉強して何か専門的な知識をつけ、通訳としての付加価値を高めるしかない」と気づいたからです。

「専門知識をつけなくては通訳者としての未来はひらけない」という意識が高まっていた頃、たまたま日本経済新聞で目にしたのが、当時の米副大統領アル・ゴアが「情報スーパーハイウェイ構想」について語った記事でした。情報スーパーハイウェイ構想とは、「全米のコンピューターを高速回線で接続する」というもの。企業がウェブサイトを開設し始めたり、Eメール導入の是非を検討したりしていた当時としては、かなり画期的な構想だったと思います。

90年代当時、その記事の内容は遠い未来のことのようでしたが、私は直観的に「これだ！」と思い、通信分野の勉強ができる通訳の仕事を探しました。もちろんその時点で通信技術の知識はゼロでしたが、自分が通訳として生きていくために必死でしたから「やれるかどうか」を考える余裕はなく、「やるしかないんだ」という気持ちだったように思います。大手通信会社の研究所が通訳者を募集しているのを知って応募すると、たった2週間で採用が決定。当時は通信技術への注目度がまだ低く、通訳者のなり手が少なかったことが幸いしたのかもしれません。

07
Rules

順風満帆とはいえなくても、すべては必然だと考える

「私の天職は通訳者ではなかったのかもしれない」

「通訳者」とひとくちにいっても、働き方や求められる英語のレベルは様々です。

特定の企業に勤める社内通訳だけでも、1人に専属でつくケース、プロジェクト単位で仕事をするケース、必要に応じて部門をまたぎ様々な会議で通訳をするケースなどがありますが、通訳をする相手や仕事の範囲が広がるほど使われる表現や語彙《ごい》もたくさん必要になるため、難度は上がります。フリーランスとなればその都度仕事の現場が変わるわけですから、要求されるレベルはさらにアップ。企業向け、官公庁向け、国際会議や学会向けなどフリーの通訳者が活躍する場は多岐にわたりますが、フリーとして生きていけるかどうかは、専門知識やその分野での通訳経験の有無などがものをいうことになります。

通信会社に転職した当時の私は、「いずれはフリーの通訳者として生きていきたい」「そ

のための知識と経験を身につけたい」という目標を持っていました。

通信会社では、最初は資料の翻訳から仕事をスタート。教育担当の方に質問しながら勉強を重ねていきました。通訳を任されるようになってからも苦労は多く、数多くの失敗を経験したものです。インドの技術者とのデータベース構成についての電話会議では、電話回線の状態が悪く音声が途切れがちな中、インドなまりの早口な英語で専門用語を連発され、相手がいっていることがまったくわからず「ストップ！」と叫んでしまった苦い思い出があります。それでもめげずに体当たりで挑戦し続けたことで、通信分野の専門用語や背景となる知識を学ぶことができました。

通信の交換機に関する用語をほぼ完璧に訳せるようになると、今度は「交換機以外の通信機器のことも勉強したい」という思いが強くなり、27歳で外資系の通信機器メーカーに転職。カバーする分野が光通信、無線、伝送装置、半導体、特許、契約書……と一気に広がったため、毎日のように書店に足を運び、本をごっそり抱えて帰ってきては午前2時頃まで勉強しました。脇目もふらずに猛勉強する日々を1、2年も続けると、さすがに少し息切れ気味になりましたが、この頃の頑張りが後にフリーの通訳者として仕事をするための素地になったことは間違いありません。

しかし、私が「通訳者としてずっと頑張っていこう」と決めるまでには紆余曲折《うよきょくせつ》もありました。

通信機器メーカーには当初は契約社員として採用されたのですが、後に正社員登用され、通訳翻訳部の創設、社内通訳者のマネジメントなども任されたことで、ビジネスについて視野が広がっていきました。

そして迎えた、ITバブルの崩壊。勤務先が経営危機に陥る様子を目の当たりにし、私は「経営とは何か」を考えるようになりました。通訳者として働いていると、社内の意思疎通がうまくいっていないことが手に取るようにわかります。それが改善されないのはなぜかを考える一方で、「通訳者は通訳しかできない、経営の根本的な問題解決には立ち入れない」ということに歯がゆさも感じるようになっていきました。

「もしかすると、私の天職は通訳者ではなかったのかもしれない」——そう考えた私は、キャリアチェンジを目指すことを決意。経営を学ぶために、仕事の傍らで早稲田大学の社会学部に編入しました。当時の次なる目標は、アメリカの大学院に留学してMBAを取得することでした。

最初は夜間のみ通学していたのですが、勤務先が早期退職実施に踏み切ったことを活用して会社を辞め、在職時のツテでフリーの通訳をしながら昼間も通学。大学院合格に必要な成績にこだわり、なりふり構わず「どうやったらAが取れますか?」と教授に尋ねて戦略的に勉強したことが奏功し、短大時代はまったく勉強ができなかった私が、なんとオールAを取得して副総代で卒業したのでした。

リーマン・ショックで700万円の借金を背負う

私はずっと「自分は勉強ができない、頭が悪いんだ」と思っていましたから、目標を持って頑張り、大学を好成績で卒業できたことは大きな励みになりました。しかし、話はそうトントン拍子には進みません。「どうせなら世界トップレベルの大学院に行きたい」と意気込み、UCLA、スタンフォード、バークレーなどの大学院に出願したのですが、結局、すべて落ちてしまったのです。

幸い、大学で学んでいた間にフリーで通訳の仕事を続けていた縁で、通訳以外の仕事でも「ウチで働きませんか」といってくださっていた会社が複数あったので、その中の一つのイスラエル系IT企業に通訳兼広報マネージャーとして入社することにしました。キャリアチェンジしたいという当初の目的を果たせたという意味では、恵まれていたと思います。

しかし、その後も経営への興味は尽きず、「いつかは自分で会社を経営してみたい」と考えるようになり、結婚を機に2年勤めた会社を退職。半年間、産業能率大学のビジネスプランナー養成コースに通い、起業準備に取りかかりました。通訳のみの仕事から離れて、すでに4年近い月日が経っていました。

私が通訳の仕事に復帰したのは、実は、借金を返済するためでした。

原因は、起業準備をしていたさなかに起きたリーマン・ショックです。起業資金をつくるため、早期退職制度で得たまとまったお金を投資に回していたのですが、それを一気に失ったうえに700万円近くもの借金を抱えることになってしまったのです。当然、起業どころではなくなり、独立計画は頓挫。これは私にとって、とても大きな挫折でした。

「これだけの借金を返済するには、通訳の仕事をするしかない」。そう考えて社内通訳として仕事を再開したのですが、9カ月後に何とか完済できた時、「私は通訳ができるから生きていける。自分の価値は、通訳者であることにあるんだ」と再認識することになりました。借金を返し終えた後、フリーの同時通訳者になって現在に至ります。今は、通訳者の中でも最高峰の一つといわれる、医学の国際学会の同時通訳を目指して勉強中です。

*　　*　　*

私の英語学習歴は、あまり一般的なものではないかもしれません。振り返ると、無我夢中で手当たり次第に効果がありそうなことをやり続けた結果が今につながっているように思います。しかし手当たり次第にあれこれ試したからこそ、「あれはあまり役に立たなかったな」という反省がある一方で、「これは効果が高い！」という勉強法の発見もあったのだと思っています。

次章からは、私の経験をもとにした英語力アップの方法を余すところなくお伝えしていきます。

第2章

目標が決まれば学習効率はとてつもなく上がる！

Rules08~14

この本を手にとってくださったみなさんは、心から「英語ができるようになりたい！」と思っていらっしゃることでしょう。

英語学習を始めるにあたって最初にすべきことは、実はこの「英語ができるようになる」という言葉にこめた、「自分にとっての意味」を考えてみることです。

08
Rules

「英語ができる」の意味は人によって違う

あなたにとっての「英語ができる」とは？

ひとくちに「英語ができる」といっても、その意味は人によって異なります。

「旅先で外国人とスムーズにコミュニケーションできればいいのに」と思う人にとっての「英語ができる自分の姿」は、ちょっとした挨拶のフレーズがぱっと口にできたり、相手のいっていることを聞き取って対話ができたりといったものでしょう。「仕事上、海外子会社の現地職員とのやりとりが必要」という人なら、英文メールをストレスなく読み書きできることが「英語ができる」イメージに近いかもしれません。「勤務先でＴＯＥＩＣのスコアが昇格の条件になっている」といったケースでは、ＴＯＥＩＣのスコアが９００点を超えていれば、社内で臆することなく「私は英語ができます」といえるのではないでしょうか。

英語を勉強し始めたばかりという方の場合、「『英語ができる人』になれば、外国人と英会話が楽しめて、TOEICのスコアが伸びて、ビジネスシーンでも英語に困らなくて……」といったイメージを持ちがちです。

しかし第1章で私自身の体験をご紹介したように、多少の日常会話ができて外国人とコミュニケーションがとれるからといって、TOEICで高得点が出せるわけではありません。実際、私が知っている帰国子女の方の中にも、TOEICやTOEFLのスコアがなかなか伸びないという人が存在します。また、英検1級に合格するほどの〝英語ができる人〟なのに、会話になるとナチュラルな表現が出てこない……という方も少なくありません。英検の勉強では、映画の中に出てくるような、外国人同士の会話表現を学ぶ機会はあまりないからです。

自分にとっての「英語ができる」の意味をきちんと考えることが大切なのは、自分が目指す英語力によって、とるべき学習法が異なるからです。

もしあなたが「外国人と自然に会話できるようになりたい」と思っているのであれば、

TOEIC対策用の単語集をマスターしたりTOEICの問題集を解いたりするより、海外の映画やドラマなどを教材にして生きた口語表現を学んだほうがいいでしょう。もっと細かくいえば、「ビジネスシーンで海外とのテレビ電話会議をスムーズにこなしたい」という場合なら、海外ドラマの中でも、恋愛ものではなくビジネス上のやりとりが多いものを教材にするのが望ましいはずです。

いかがでしょう。なんとなく、「英語ができる」の意味を明確にすることの大切さが実感できてきましたか？

09
Rules

英語が伸びる人、伸びない人の差は「目標設定」にあり！

「英語を使って何がしたいか」をイメージする

英語学習を成功させるコツは、まず自分にとっての「英語ができる」の意味を考え、さらに具体的な目標を設定することです。

ここでちょっと、的に向けて矢を射るシーンを想像してみてください。もしも的がどこにあるかわからなければ、いくら頑張って矢をたくさん放っても命中させるのは至難の業ですよね。的（目標）をきちんと設定しなければ、〝狙い撃ち〟にすることはできません。

英語学習も、これと同じこと。目標を定めないまま「英語を何とかしたいなぁ」と英会話学校に通うのは、的も見ずに手当たり次第に矢を放っているようなものといっていいでしょう。

では、「具体的な目標」はどのように設定すればよいのでしょうか?

目標を設定する際は、「英語ができる」の意味からさらに踏み込む必要があります。ファーストステップは、「英語というツールを使ってどうしたいか」「どんな力を、どの程度つければ、何が可能になるか」を考えてみることです。


たとえば、あなたが「英語を仕事にしたい」と思ったとしましょう。世の中には、英語の仕事がたくさんあります。通訳者や翻訳者はもちろん、バイリンガルで秘書や受付の仕事をする人や、司会業をする人なども含まれるでしょう。昨今は、職業の数だけ、それを英語でこなせる人材が求められているといってもいいかもしれません。

さらに細かく見ていくと、通訳者の中にも特定企業に勤務して社内通訳を務めるケースのほか、フリーランスで法廷通訳や会議通訳などに特化するケースもあります。業界が変われば使用する用語が変わるのでそれぞれに勉強が必要ですが、これは専門性を持てば大きな武器になるということでもあります。このほか、海外旅行者を案内する「通訳ガイド」などの仕事もあります。

この場合、「英語を仕事にできたらいいな」から、「英語というツールを使って、日本と外国の橋渡しをする通訳という仕事をしたい」というところまでイメージし、さらに「3年後に外資系企業に入社し、社内通訳者として働きたい」などと具体化できれば、〝狙い撃ち〟できる程度に目標が明確化されたといえます。

英語を学ぼうと思ったきっかけを考える

もう一つ例を考えてみましょう。もしあなたが、「旅行先で英会話ができればいいな」と思ったとします。これでは、目標としてはまだまだ漠然としていて〝狙い撃ち〟にはできません。「旅行先での英会話」で、あなたは何をしたいのでしょうか？「現地で移動手段や宿泊先を手配するのに困らなければいい」という人もいれば、「地元の人に評判のよいお店を教えてもらったり、食事に行ったらきちんと希望を伝えて眺めのいい席に通してもらったりして、旅行を存分に楽しめるようにしたい」という人、「旅先で知り合った外国人と友達になって、異文化を知りたい」という人もいるでしょう。

この場合、「旅行先での英会話力がほしい」というところから、「英語というツールを使って海外で友達をつくりたい」までイメージできたとしたら、「来年の海外旅行までには、基本的な挨拶や、自分がどんな人か自己紹介したり日本の文化について説明したり、相手に質問したりできる日常会話力をつけよう」などと具体化していくことができます。

さて、まずはあなた自身が「なぜ英語を勉強しようと思ったのか」、きっかけとなった思いを見つめてみましょう。ミーハーな理由でもかまいません。

「外資系企業で仕事をしたいから」「海外に赴任したいから」「外国人の方とお付き合いしたいから」「ハーフの子どもがほしいから」「自分の好きな外国人アーティストの曲を、歌詞も理解して楽しみたいから」「大好きな映画を字幕なしで楽しみたいから」「新婚旅行で海外に行った時、人生のパートナーにいいところを見せたいから」「日本のよさをもっと海外に伝えたいから」「自分の可能性や視野を広げたいから」「英語が話せるとかっこいいから」「仕事で、外国の人と対等に議論できるようになりたいから」……。

どんな英語力を、どの程度つければ、あなたが望むことの中で何を実現できそうですか？

10
Rules

目標を達成できた自分と、できなかった自分を想像する

英語学習を継続するための重要なポイントとは

目標が設定できたら、ここでちょっと時間を取って、未来の自分の姿をイメージしてみましょう。

たとえば通訳者を目指そうと決めたら、「3年後に外資系企業に入社し、通訳者デビューした自分」「10年後の自分」「20年後の自分」の姿を思い描いてみるのです。あなたはその時、どんな仕事をしているでしょうか？　どんな生活を送っていますか？　どんな気持ちを抱いているでしょうか？「通訳者としてバリバリ働くようになり、収入アップ」「もっと上を目指したくなって勉強に力が入り、毎日が充実」……。

次に、今のまま英語を勉強せずに時間が過ぎていった場合の自分の姿を想像しましょう。通訳者にはなれませんから、まったく別の仕事をしているはずですね。どんな仕事でしょ

う？　生活ぶりや、自分の気持ちは？「アピールポイントになるようなスキルが何も身についていないから、いつも将来が不安」「収入は横ばいか、右肩下がり」「英語ができないと転職もままならない世の中になって、後輩や部下は英語が使えるのが当たり前という状況になり、コンプレックスを抱えている」……。

こんなふうに、それぞれ「最高」と「最低」のケースを考え、その時に自分がどんな感情を抱くかを想像し、その感情をじっくり味わってください。

これは、設定した目標に対して、自分自身が心から「ぜひ達成したい」と感じるためのステップです。

目標というのは、「仕事に必要だから」など、外的な要因によって決まることも少なくありません。そのような場合、目標を達成することが義務のように感じられ、英語学習のモチベーションがなかなか高まらないことも考えられます。

しかし、もし「環境に応じて仕方なく」設定した目標だったとしても、それを達成した場合の明るい未来をイメージできれば、そしてその未来を自分が「ほしい」と思えれば、達成への意欲はぐっと高まるでしょう。あるいは、達成できなかった場合の未来が「こんな思いを味わってたまるか」と感じるようなものであれば、危機感があなたのモチベーションに火をつけてくれるに違いありません。

みなさんはすでにお気づきだと思いますが、語学はある程度時間をかけなければ身につけることができません。つまり英語学習においては、学習方法もさることながら、「いかに継続するか」が重要なポイントとなるのです。この点、勉強し続けるために、最初にしっかり動機づけすることには大きな意味があります。

目標を達成したい！　という気持ちが高まったら、自分が決めた目標を紙に書き、達成すべき日付を入れて、目につきやすいところに貼っておくのがお勧め。手帳に書いていつでも見直せるようにしたり、家族や友達に目標を宣言したりするのも効果的です。

11

Rules

「いつ、何を、どうやるか」を明確にする

まずは英語学習のイメージを変える

目標が明確になったら、次はその目標を達成するための学習プランを立てるステップに進みます。

プランを立てるというと「計画をつくっても、結局、忙しくて計画通りになんてできない」と尻込みする方が少なくありません。しかし、ここでいう学習プランとは、おそらくみなさんがイメージするものとは異なります。

一般に、受験勉強を頑張った方ほど「学習＝机に向かって本を広げてやるもの」と考えがちですが、英語学習においては「勉強」の概念を変えましょう。忙しくてなかなか机に向かうことができないという人でも、大丈夫。日常生活の中で楽しく英語に触れられる機会を組み込んでいけばいいのです。

英語学習にお勧めの具体的な方法は第3～4章で、プランの立て方の例は第5章で詳しく取り上げますが、参考までに私が普段どんなふうに英語学習しているかをご紹介しましょう。

私の1日は、朝、iPod touchでBBCの無料ラジオニュースを聞くことから始まります。といっても、まじめにリスニングのトレーニングをしているというわけではなく、ニュースを聞き流しながら身支度をする程度。歯磨き中は、「単語ボード」を眺めています。単語ボードは、100円ショップで買ってきた手頃なサイズのボードに、覚えたい単語を書いたラベルシールをぺたぺたと貼って手づくりしたものです（下の写真）。

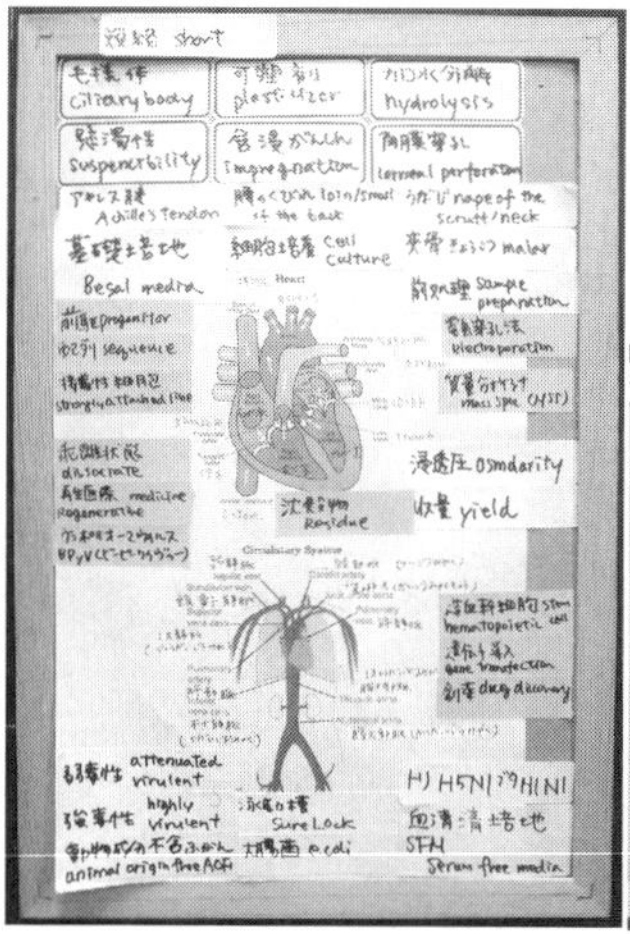

単語ボードは家じゅうどこでも持ち運べるので、いつでも眺められる。

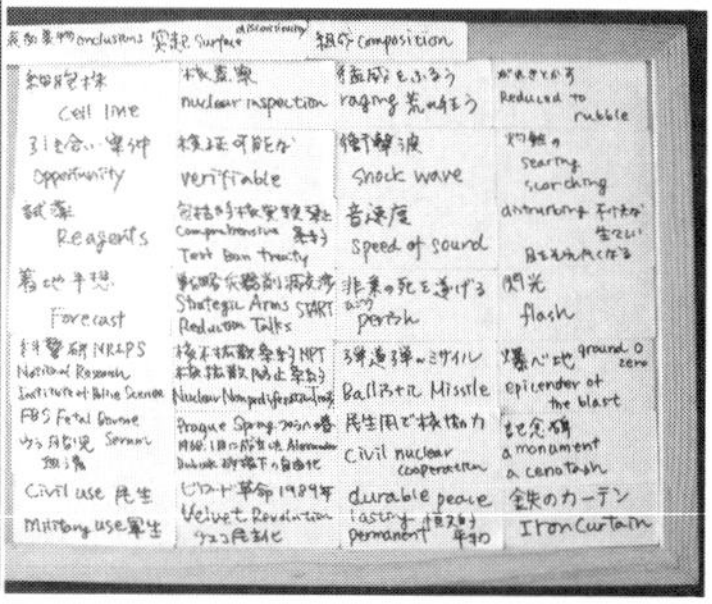

仕事に出かける前は、アップル社の無料教育コンテンツ配信サービス「ｉＴｕｎｅｓＵ」を聞きます。ｉＴｕｎｅｓＵは、スタンフォード大学やオックスフォード大学といった世界トップレベルの大学の講義がビデオや音声で視聴できるというもので、気に入った講義はダウンロードしてｉＰｏｄ ｔｏｕｃｈに入れることもできます。仕事に関連するテーマの講義をダウンロードしておけば、仕事先に向かう間も耳をお留守にすることがなく、いつでもどこでもリスニングのトレーニングが可能です。

電車の中では、日本経済新聞を読みながら、心の中で記事を翻訳。仕事の合間の時間には、仕事の資料などからキーワードを拾い出し、英語と日本語を書き出して「単語帳」をつくります。

帰宅後も耳を休ませないよう、ｉＰｏｄ ｔｏｕｃｈを専用スピーカーにつないでＢＢＣを流しっぱなしにしたり、ｉＭａｃでｉＴｕｎｅｓＵをかけておいたりして仕事をします。お風呂に入る時は、濡れてもかまわない英語の雑誌や本などを持ち込み、お風呂のフタを机代わりにして読書。気分が乗っている時は、音読もします。バスルームには、ｉＰｏｄなどの音楽プレイヤーやＩＣレコーダーをつないで音を流せるスピーカーを設置していて、入浴中も英語コンテンツを聞ける環境にしています。これはトフルゼミナールに通った極貧時代からの習慣で、昔はラジカセをお風呂場の近くに置き、大好きな映画などの音声をテープに録《と》って流しっぱなしにしていました。

目標と手段を100％一致させる

いかがでしょう。「すき間時間」や「ながら時間」を使って英語に触れるイメージを持てるようになってきたでしょうか？

私は主にビジネスの会議通訳の仕事をしているので、使っているコンテンツがニュースや大学の講義などちょっと〝堅め〟のものが多いのですが、英語コンテンツは海外ドラマやマンガ、小説、ウェブの記事などでもＯＫ。大切なのは、英語を楽しくライフスタイルに取り込むことです。

まず自分の１日の生活パターン、１週間の生活パターン、１カ月の生活パターンを振り返り、「いつ、何を、どうやって」英語に触れるかを決めましょう。その際、「何をやるか」を英語学習の目的と合致させることがポイント。たとえば仕事で英語を使えるようになることが目的なのであれば、ウェブの記事を読む際は自分の仕事に関連するジャンルのものを選びます。

学習プランは、「これをやっていけば、目標を確実に達成できるな」と思えるものを立てることが重要。やみくもに勉強しても、目標と手段が合致していなければ、望むような効果が出るのは遅くなります。効果が出にくいと、目標の達成が遅れるだけでなく途中でいやになって挫折してしまうこともありますから、プランづくりは「目標と手段が100%合致すること」を目指しましょう。

もっとも、学習プランを立てる際は、できないことや嫌いなことを無理に入れないことも大切。いやなことは続かないものですし、継続できなければプランを立てる意味がないからです。「これは無理なくできるか」と自問自答しながら計画をつくりましょう。また、プランの実行は「8割できればOK」と、ゆったり考えてください。「決めたからには、絶対にやり遂げなくては」などと意気込み、仕事が忙しくて思うようにプランをこなせなかった時に自分を責めることにならないようにしましょう。

12
Rules

〝ガス欠〟にならないために、モチベーション維持法を決めておく

「やる気が出る仕組み」をつくる

先に「英語学習は継続することが大切」というお話をしましたが、勉強を続けるためには、あらかじめ「どうすればやる気が持続できるか」をよく考えておくことも必要です。やる気がない状態では、同じ学習でも効果がなかなか出ないもの。「英会話学校に通い始めたのに、仕事が忙しいことが自分への言い訳になって欠席が増え、コースが未消化になってしまった」といったことにもなりがちです。

私自身のことを振り返ると、もともとはコツコツ勉強し続けるのが苦手でした。宅建、ペン習字、中国語など、〝三日坊主〟で挫折したものも少なくありません。どうして英語だけは勉強し続けることができたのかといえば、英語については「やる気が出る仕組み」がうまく働いたからだと思っています。

「やる気が出る仕組み」は、クルマでいえばエンジンのようなもの。英語学習のクルマが止まってしまわないよう、エンジンを動かすためのガソリン＝「やる気の源」を準備し、ガス欠になる前に注入できるようにしておきましょう。

「やる気の源」として最も重要なのは、先にご説明した「学習の目標」です。

私の場合、英語を仕事にすること、通訳者になることを目指していましたから、英語には「未来の自分の生活」がかかっていたといえます。このため、英単語は私にとって「収入に直結するもの」であり、「単語を一つ覚えると収入が5円増える」というイメージを持っていました。もちろん実際に計算したわけではありませんが、「語彙数と収入が結びついている」という意識を高めることで、気合いを入れていたのです。つまり、私にとってガソリンの主要供給源は、「英語で生計を立てる」という目標であったといえます。

「学習の目標」は、ガソリンの供給源としてなくてはならないものです。英語学習で「最初に目標を明確にすること」が大切なのは、〝狙い撃ち〟にするためであることはもちろんですが、目標がモチベーションの維持に欠かせないものだからです。繰り返しになりましたが、大事なポイントですので、このことはぜひ頭に入れておいてください。

モチベーションが維持できる3つの方法とは

次に、「学習の目標」以外のモチベーション維持方法を見ていきましょう。

1つめは、どれくらい成長したかを〝見える化〟して確認することです。

人間は、自分の行動がどのような成果につながったかを感じられると、やる気がアップするもの。逆に、成果が出ているかどうかわからないことを続けるのは苦しいものです。英語学習は短期間ではなかなか成長を感じにくいので、自分の成長を意識的に〝見える化〟するのがお勧めです。

たとえば覚えた単語の数を記録してグラフ化すると、「学習プランを実行し始めてから、500語も覚えたんだ」「語彙数が右肩上がりに伸びているな」などと実感できます。英語の本や雑誌を読んだら、1カ月で何冊読んだか、1年でどれくらいになったかを意識的に数えてみましょう。ウェブの記事を読む際もプリントアウトし、わからない単語にマーカーで線を引いて調べ、読み終わったらファイリングしておくのがお勧めです。「これだけの量を読んだんだ」という達成感を味わえるだけでなく、後で見直した時に「この単語はもう覚えたな」と成長を自覚するきっかけになり、モチベーションアップに効果的。また、「量」の把握という点では、英語に触れた時間を毎日記録するのも励みになりそうです。

英会話のトレーニングの際は、ＩＣレコーダーや携帯電話の録音機能を使って自分が話している声を録っておくといいでしょう。半年後、１年後に聞き返すことで「前よりスムーズに話せているな」「長いフレーズで話せるようになってきた」などと上達を感じられるのではないかと思います。ライティングも、自分が書いたものはできるだけとっておきたいところ。後で見返した時に、「今ならこんな間違いはしないな」などと自分の成長ぶりを実感できるものだからです。

また、ＴＯＥＩＣやＴＯＥＦＬ、英検、国連英語などのテストを活用し、スコアアップを楽しみに勉強を続けるのも一つの方法。ただしその際は、「スコアが伸び悩む時期は誰にでもあるものだ」ということを念頭に、短期間でのスコアの上下で一喜一憂しないようにしましょう。英語の試験は数字ではっきり結果が見えるので、うまく活用するとやる気のアップに大変効果的です。

２つめは、英語学習のライバルを見つけること。

ある企業の役員の方から、「この10年間、英語力が伸びていない。何とかして自分が100％納得できる英語力を身につけたい」という相談を受けた時のことです。私が「人生の中で、自分が『100％納得できる力がついた』といえるものはありますか？」と尋ねると、その方は「スキーです」と即答しました。そして、「なぜそこまで頑張れたのですか？」という私の質問に、彼は「ライバルの存在があったからです」と答えたのです。

このエピソードからもわかるように、ライバルの存在は時として非常に大きなモチベーションとなります。特に「競争することが好き」という人なら、ライバルの存在が支えとなることが多いはず。周囲を見渡して「この人がライバルだ」といえる人を探してみましょう。会社の同僚や友達、パートナーなどで、英語を勉強している人はいませんか？身近で見つからなければ、ブログやTwitterなどで英語学習について発言している人を見つけてもかまいません。

3つめは、「集団の力」を利用することです。

私は、週末に通訳者仲間と勉強会を開いています。同じ目標や志を持つ仲間がいると、互いに励まし合ったり、客観的に弱点を指摘し合ったりすることができるからです。また、一人では継続できないことも、集団に入って「ほかの人と一緒にやる」「ほかの人のためにやる」環境を作ると、無理なく続けられます。たとえば、時に面倒に感じることがある単語帳づくりも、仲間に「この資料の単語帳は私が来週までにつくっておくから」などと約束すれば「みんなのために頑張ろう」と思えますし、だらだらと先延ばしにすることもありません。

みなさんも、英語を勉強している会社の同僚を募って勉強会を開く、英会話学校などで意識的に友達をつくるといった方法で「集団の力」をうまく活用することを考えてみてはいかがでしょうか。

また、時には「自分をほめる」ことも大切です。

繰り返しになりますが、英語学習は、日々努力を重ねても具体的な成長がなかなか感じられないものです。そこで、成長度合いとは別に、「学習プランを実行できたこと」に対する〝ご褒美〟を準備しておくのです。ご褒美は、「毎日○○ができたら、3カ月後に有名なお店でケーキを食べる」「△△を読み終わったら、我慢していた××を買う」など、自分がうれしいと感じることであれば何でもかまいません。

モチベーションの維持は、英語学習を成功させるカギです。成長の〝見える化〟、ライバル、仲間、ご褒美など、「モチベーションアップに利用できるものは何でも利用する」というくらいの意気込みで臨んでください。

13
Rules

自分に合った英語のレベルを見極める

すべての英語学習法に通じる、「レベル」のとらえ方

英語学習を継続するためのポイントとして、「自分が勉強しやすいレベルを見極める」ことが挙げられます。

第1章でご紹介した私の手痛い経験談を思い出してください。TOEICのスコアが280点しか取れていない状態で通訳学校の英語専修コースに通った時は、あまりに授業が難しかったために居眠りをしてしまっていたのです。いくらやる気を持って臨んでも、レベルが違いすぎればついていくことができませんし、モチベーションが低下することにもなりがちです。

自分に合ったレベルを見極めることが大切なのは、英語学習のあらゆる面に当てはまり

ます。たとえば参考書を選ぶ際は、ざっと目を通して「ある程度はわかるな」と感じるものを使うのがお勧めです。勉強中に「これは知っている」というところにたどり着くと、そこで少し休憩できますし、「わかる」といううれしさが次のページに進むためのエネルギーになるからです。

単語集を買う時は、「知っている単語の割合」と「自分のやる気」「コストパフォーマンス」を天秤にかけて検討しましょう。一般に、単語集には掲載されている単語の一覧がついています。それを見た時に「載っている単語の8割は知っている」という単語集を選ぶと、残る2割を知らないことが悔しく感じられるので習得がはかどります。もちろん、「せっかくお金を出して買うのだから、知らない単語がたくさん載っているほうがお得」という考え方もありますし、学習意欲が高い人ならこうした単語集を選ぶのも一つの方法。ただし、初めて見る単語ばかりのものだと、気持ちが萎えて途中で投げ出してしまうリスクがあることも考えておきたいところです。コストをあまり気にせずにすむのであれば、「8割は知っている」というものを複数使い、それらの単語集に載っているわからない単語をつぶしていくことで一気に語彙数を増やすという方法もあります。

また、腰を据えて勉強する時も、レベルをうまくコントロールすることを考えるのが継続のコツです。

学習のスイッチは、最初に簡単なものや楽しいものから取り組んだほうがＯＮになりやすいです。難しいものや苦手なものには、波に乗ってきてから取りかかるのがお勧めです。そして途中で「疲れたな」と感じたら、また簡単なものに戻ります。私が毎日朝4時までファミレスで勉強していた頃は、必ず「楽、苦、楽、苦」や「易、難、易、難」の〝サンドイッチ〟にしていました。長時間の勉強をこなすためには、こうした工夫も大切なのです。

14
Rules

学校に通うなら、自分に合う先生を選ぶ

語学スクールの上手な活用法

英語学習について相談を受けていると、「英会話学校などの語学スクールに通ったほうがいいでしょうか？」と尋ねられることが少なくありません。この質問に対する決まった答えはありませんが、一ついえるのは、自分の性格に合った勉強法を選ぶのが大切だということです。

私自身は、視覚より聴覚で勉強するのが得意なタイプ。英単語も、目で見るよりもまず耳で聞いて、音から覚えるほうがラクなのです。本を読んで学ぶより人から聞くほうが効率がよいと感じるので、その時々で必要と感じたスクールを活用してきました。現在も、「通訳の世界で最高峰といわれる、医学分野の国際学会の同時通訳を務めたい」という目標があるため、通訳学校の医薬翻訳コースに通っています。

私が学校に通うのは、実はほかにも理由があります。それは、「周囲にライバルがいるとやる気になる」という自分の性格に合っているからです。また、人から注目されるとうれしくなってしまうタイプなので、「授業中にどんどん発言して周りに〝いいところ〟を見せたい」というモチベーションから、予習や授業に力が入ります。

人から教えてもらうのが好きな人、仲間がいると頑張れる人、誰かにほめてもらうことでやる気が出る人、自己顕示欲が強い人などは、語学スクールをうまく利用すると学習効率がアップするでしょう。もちろん、読者のみなさんの中には「学校に行くより参考書などを使って自分で勉強するほうが効率がいい」という人や「自分自身で納得感が得られることがモチベーションになる」という人もいるはずです。学校に通うかどうかは、自分の「やる気の源」をよく考えたうえで検討してください。

学校に通う場合は、教えてくれる先生を選ぶことも重要なポイントといえます。私は英会話学校に通う際、模擬授業やレベルチェックを利用して見つけた先生を指名して申し込みました。

〝よい英語の先生〟を探すには、他人の評判をチェックするのも一つの方法です。評判のいいレストランには何かしら「なるほど」というポイントがあるもの。もちろん、「マーケティングが上手なだけで味はイマイチ」というケースもないわけではありませんが、「おいしくない」とわかったら次の候補を探せばよいのですから、まずは「人気の先生」に着目してみましょう。

では、〝よい英語の先生〟の条件は何でしょうか？　私自身は、「弱点を的確に分析したうえで、それをわかりやすく伝えてくれる先生」がよい先生だと思っています。しかし、もっと大切なのは「自分に合うな」「この人のいうことは胸に刺さるな」と思える先生を選ぶこと。逆にいえば、どんなに評判がよい大人気の先生でも、自分が合わないと感じるのであれば避けたほうがいいでしょう。

＊　＊　＊

さて、これで英語学習の下準備は整いました。

次章からは、いよいよ実際の英語学習法をご説明します。日本料理の味つけのコツに「さしすせそ」の順番があるように、実は英語にも効率的な勉強の順番があるのです。その順に沿って、学習プラン設計のベースとなる英語学習の方法をチェックしていきましょう。

第3章

他の人と同じ学習法では英語は伸びない

Rules 15〜32

みなさんは、「日本料理をおいしくつくるには、『さしすせそ』が基本」といわれていることをご存じでしょうか。日本料理の「さしすせそ」とは、「砂糖、塩、酢、醤油（せうゆの〝せ〟）、味噌（みその〝そ〟）」のこと。それぞれの調味料の分子量をふまえると、この順番で味つけをするのがおいしく料理をつくるコツなのだそうです。

実は英語学習にも、この「さしすせそ」のような「効率よく英語が身につく順番」があります。英語の「さしすせそ」とは、「単語、文法、発音、リスニング、表現力」。ほかにも英語力としてリーディング力やライティング力などが挙げられますが、これらも「さしすせそ」をある程度鍛えたうえで取り組むのが効果的なのです。

本章では、この「さしすせそ」の順に基本的な学習法を解説します。これから見ていく学習法は、学習プランを立てるための、いわば「基本パーツ」。学習の目標に合わせた応用法は追ってご説明しますので、まずは基本をしっかり押さえましょう。

15

Rules

TOEICを半年で500点伸ばした単語記憶法

単語を増やすのに記憶力は関係ない

「さしすせそ」の「さ」に当たるのが単語だ、ということは、ちょっと考えてみればすぐ納得できるでしょう。

文法を学ぶ際は、例文に使われている単語の意味がわかるからこそポイントを理解することができます。発音も、意味と結びついてこそすんなり記憶できるもの。リスニングで知らない単語を聞き取るのが難しいことは、ご承知の通りです。表現力は、個々の単語があって成り立つものであることはいうまでもありません。

また、単語を覚えれば、文法を知らなくてもある程度の意思疎通は可能です。「フロ、メシ、ネル」ではありませんが、単語だけで会話が成り立つシーンは意外に多いものなのです。

単語は英語学習の基本となるものですが、試験対策においても単語力アップは欠かせません。私がたった半年でTOEICを500点も伸ばせたのも、単語を一気にたくさん覚えたことが最大の理由だったと思っています。

では、単語はどのようにして覚えていけばいいのでしょうか？

「暗記が苦手だから、単語を覚える自信がない」という方は少なくないと思いますが、どうぞご安心ください。私も、もともとは物覚えが悪く、勉強がまったくできませんでした。「通訳者になったくらいなんだから、そんなはずはないだろう」と思われるかもしれませんが、実際、短大は卒業直前に成績が足りないことが判明し、「卒業できるかどうかがわからないから」と卒業式に出られなかったほどなのです。追試をクリアして何とか卒業は認められましたが、後日、卒業証書の授与に呼び出されていたのは私のほかにもう1人だけでした。卒業時の成績がブービーであることは間違いありません。

そんな「ものを覚えるのが苦手な私」でも、単語はどんどん増やすことができました。単語力アップには、コツがあるのです。

まずは、私がTOEIC500点アップ時に行った勉強法を振り返ってみたいと思います。第1章と重複するところもありますが、実績のある単語暗記法ですので、少し丁寧に見ていきましょう。

「単語に出会う機会」を意識的につくる

トフルゼミナールに通い始めた時、私は指定された単語の参考書を見ながら「こんなにたくさん覚えられるわけがない、どうしよう……」と途方に暮れました。しかし、参考書をパラパラと眺めているうちに、「短大をブービーで卒業した私ですら、覚えている単語がある」ということに思い至ったのです。

「どうして覚えられたんだろう?」と自問自答して気づいたのは、「私が知っている単語は、今までに何度も出会ったものだ」ということ。どんな単語も、「出会う回数」さえたくさんあれば、自然に覚えることができるものなのです。

そこで私は、A4サイズの紙にサインペンで10〜20個くらいの単語とその意味を書き、部屋中にセロハンテープで貼り出しました。これは、日常生活の中で「単語に出会う回数」を徹底的に増やすための工夫。ただ見るだけではなく、寝る前には壁に貼った単語を音読することを習慣にしました。

効果は、すぐに現れました。授業中先生に指名された時、音読した単語が次々と口をついて出てくるようになったのです。

先生からほめられて気をよくした私は、「もっと単語を覚えられないか」と考え始めました。しかし、当時はアルバイトを3つ掛け持ちしていましたから、勉強時間を増やすことはできません。そこで思いついたのが、すき間時間の活用です。

私は単語を書いたA4の紙をクリアフォルダに入れ、お風呂場に持ち込んで、シャワー中の音読を始めました。トイレでも、座った時の目の高さに合わせてドアの裏側に紙を貼り、一人でブツブツと音読。外出中は単語を書いたシートを持ち歩き、信号待ちや電車待ちなどのちょっとしたタイミングも逃さずシートを取り出してブツブツ。さらに「授業時間も徹底活用しよう」と、先生やほかの生徒の発言をブツブツ繰り返すようになりました。

「単語に出会う機会」を意識的につくり、さらに目と口を使うという方法によって、私の単語力は急速に上がっていきました。

もともとは時間とお金の制約がある中で試行錯誤しただけだったのですが、これ以上に効率的な方法は見当たらず、私は今でも単語を覚えるのに同じような方法を使っています。変わったのは、単語を書くものと貼る場所。最近は、「貼ってきれいに剥がせるタイプ」のステッカーに単語を書き、100円ショップで買ってきたボードに貼っています。こうすると家じゅうどこでもボードを持ち歩いて、いつでも見ることができるからです。外出する時は覚えたい単語のステッカーを剥がし、定期入れやモバイルノートパソコンなどに貼り直せば、外でもずっと目に入れてブツブツ音読できます。覚えられた単語のステッカーはボードから剥がしてノートに貼り、オリジナルの単語帳として保管。単語帳がたまっていくと、「これだけ覚えたんだ」という達成感も味わえます。

単語は、無理に「暗記しなくては」と考えず、「会う回数を増やして少しずつ仲よくなろう」と考えたほうがいいと思います。机に向かって無理に詰め込んだ単語は忘れてしまいがちですが、何度も出会って〝仲よく〟なった単語は、自然に自分の口から出てくるようになるものだからです。

16

Rules

語源、類義語、対義語でボキャブラリーはどんどん増える！

単語は芋づる式に増やす

実はTOEICで500点アップした時の単語学習法には、効率を何倍にもする重要なポイントがありました。それは、「芋づる式に単語を増やす」ということ。

漢字の場合、「海」「流」「泳」「波」「河」「汗」「渓」など、サンズイがついていれば「水に関わる意味を持つのではないか」と予測できます。これと同様、英語においても単語を構成する要素には意味があります。構成要素の意味、つまり「語源」を知れば、語彙を一気に増やすことが可能になるのです。

わかりやすい例をみてみましょう。

enjoyという単語は、「en」と「joy」という語源から成り立っています。「en」には「～にする」という意味がありますから、enjoyは「joy」にする、つまり「～を楽しむ」となります。このことを知っていると、enableは「ableにする＝できるようにする」、enrichは「richにする＝富ませる」、encourageは「courageにする＝勇気づける」といったように語源から意味を理解できるようになります。さらに、「en」の逆は「dis」であることを押さえれば、「disable＝できないようにする」「discourage＝勇気を奪う＝落胆させる」といった単語も簡単に増やしていけるのです。

語源を知ると、単語の意味を覚える時に役立つだけでなく、新しい単語に出会った時に意味を予測できるようになるというメリットもあります。まずは最初に、次ページの図1に挙げた語源を覚えてしまいましょう。

私自身は、トフルゼミナールに通った時に初めて語源という概念を知りました。語源で単語を覚える演習があったほか、トフルゼミナールが出している単語の参考書も語源でまとめてあり、非常に効率よく単語を増やすことができたのです。

語源をもっと知りたいという方には、『ジーニアス英和大辞典』（大修館書店）なら、単語のすぐ下に「en-（…にする）＋able＝可能にする」といった語源の説明が付いているのでお勧めです。まとめて勉強するなら『語源とイラストで一気に覚える英単語』（清水健二著、William Currie／中田達也監修、明日香出版社）など、専門の参考書を使ってもよいでしょう。

単語はグループで覚える

芋づる式に単語力を上げるもう一つのポイントは「単語のグループ化」です。

言葉には「同義語」と「対義語」があります。enjoyなら like, love, appreciate, be fond of, take pleasure in などが同義語。hate, despise,

図1　真っ先に覚えたい語源一覧

- **a（〜の方へ、〜の上に）：** abroad（外国へ、広まって）、ahead（前に、先に）、aboard（車内、機内、船内に）
- **ad（〜の方へ）：** adjust（調整する、適応させる）、adverb（副詞）
- **co（共に）：** coexist（共存する）、cooperate（協力する、助け合う）、correspond（文通する、一致する）
- **counter、contra、contro（反対に、逆らって）：** contrast（対照する、対比する）、counterpart（対応する人［物］、同等の人［物］）
- **de（離れて、下に、完全に）：** deforest（切り開く）、defrost（解凍する）、detour（回り道）
- **dis（離れて、反対）：** disable（無能にする）、disagree（意見を異にする）、discourage（落胆させる、思いとどまらせる）
- **en（〜にする）：** enable（できるようにする）、encourage（勇気づける）、entitle（資格を与える、題をつける）
- **ex（外に、外で）：** exchange（交換する）、external（外部の、対外的な）、except（〜を除いて）
- **inter（〜の間に、相互に）：** interrupt（邪魔をする、中断させる）、interact（相互に作用し合う、交流する）
- **pre、pro（前に）：** preschool（保育園、幼稚園）、prelude（序曲、前置き、序幕）、prehistoric（有史以前の）
- **re（再び、後ろに、元に）：** recall（思い出す、呼び戻す、解任する）、remind（思い出させる）、review（復習する、再調査する）
- **sub（〜の下に）：** subtitle（字幕、副題）、subconscious（潜在意識の）
- **trans（越えて）：** transform（変わる、変える）、transparent（透明な）、transport（輸送する）

出典：『語源とイラストで一気に覚える英単語』（明日香出版社）

dislike などが対義語です。enjoy という単語を覚えるならこうした同義語と対義語を調べ、「グループ」として一緒に覚えるようにすると、語彙がどんどん広がっていきます。私は「A4の紙に単語を書いて壁に貼る」という単語勉強法を実践する際、1枚の紙に同義語と対義語のグループをまとめるようにしていました（図2）。

　同義語を覚えるようにすると、単語数がラクに増やせるだけでなく、実際に英語を運用する際にも非常に役立ちます。

　たとえば初学者の方にとって、enjoy と love はそれぞれ異なる状況で使う単語に思えるでしょう。しかし、〝I enjoy swimming.〟と〝I love swimming.〟はどちらも「水泳が大好き！」という意味なのです。enjoy と love を同義語として把握してさえいれば、2つの表現を違和感なく同じ

図2　同義語と対義語のグルーピングイメージ

enjoy, like, love, appreciate, be fond of, take pleasure in

↕

hate, despise, dislike

意味としてとらえられるようになります。

また、英語には「一度使った単語を繰り返すのは避け、できるだけ同義語でいい換えて読み手を飽きさせないようにすることをよしとする」という特徴があります。同じ言葉を何度も使うのは、あまり好ましくないことだと考えられているのです。このため、英語は一つの文章の中に同義語が頻出するのが一般的。「これはさっき出てきた単語の同義語だな」などとわかって英文を読み進められるようになるとリーディングがラクになりますし、自分で英文を書くことになった時は、同義語をうまく使うと英語圏の人が見た時にもスマートな印象を与えます。TOEICは同義語を知っていれば正解がわかる問題が多いため、スコアアップにも効果的です。

同義語と対義語をグループ化することは、ファイルをABC順やあいうえお順に整理することと似ているといえるかもしれません。たくさんのファイルから必要な情報を見つける際、無秩序に放置している状態では探し出すのに手間がかかりますが、一定のルールに基づいて整理してあればさっと取り出せます。単語もこれと同じで、「意味が似ているもの」「意味が逆のもの」という基準で秩序立てて整理しておくと、使いたいシーンでパッと出せるようになるのです。

同義語や対義語を調べるには、類語辞典を使います。『オックスフォード英語類語辞典』（小学館）などを1冊用意するか、類語辞典搭載の電子辞書やウェブ上の類語検索サービスを活用してもいいでしょう。

ちなみに、同義語どうしのニュアンスの違いは、最初のうちはあまり気にしなくてかまいません。

たとえばdriftとfloatはどちらも「浮かぶ」という意味を持つ同義語ですが、グラスの中に浮かんでいるゴミを指して"It's drifting."といえば、意味が通じても外国人からは笑われてしまいます。driftは目的もなく浮かぶことを指し、日本語でいえば「漂流」に近いニュアンスなので、ゴミが浮いている状況で使うのは違和感があるからです。

しかし私のケースでいうと、TOEICで800点を超えるまでは、こうした細かな違いを意識する必要はありませんでした。英語学習の初期のうちは、同義語はざっくりと同じような意味を持つものとして覚え、まずは数を増やすことを優先するのがお勧めです。

17
Rules

「聞けばわかるけど、使えない単語」を「いつでも使える」に変える

シーンを思い浮かべて感情を込める

脳の記憶のメカニズムでは、覚えた単語を使わないまま48時間が経過すると8割は忘れてしまうといわれています。単語をしっかりとものにするには、「自分で使ってみること」が大切。私は「48時間で8割」ということを知る前からずっと「覚えた単語は使わないともったいない」というスタンスで英語を勉強してきましたが、これは「使わなければ忘れてしまう」ということが自分の実感としてしみついていたからです。

また、一般に日本人は「聞けばわかるけれど使えない単語（passive vocabulary）」が多いといわれていますが、私は昔から「知っている単語」と「いつでも使える単語（active vocabulary）」がほぼイコールという状態を保っています。これも、「間違っていてもいいから、とにかく覚えた単語を使ってみる」という習慣のたまものです。

急に「単語を使ってみましょう」といわれてもとまどってしまうかもしれませんが、そう難しく考える必要はありません。

最初は、単語を調べた時に辞書に載っている例文を自分にあてはめ、その場面を想像しながら声に出していってみましょう。たとえばsignificant（重要な）という単語を調べ、"Today's exam will be very significant for your future."（今日の試験は君の将来にとって非常に重要なものになるだろう）という例文を見つけたとします。この場合は、自分が大学入試や昇格のかかったＴＯＥＩＣを受けようとしているシーンを思い浮かべ、感情を込めて"Today's exam will be very significant for my future."といってみるのです。

単語を使ってみる際のコツは、この「その場面を思い浮かべて感情を込める」というところにあります。感情を伴った情報は、記憶に残りやすいからです。みなさんも身に覚えがあるのではないでしょうか？　感動で涙が出るほどうれしかったことや、頭のてっぺんから湯気が出そうなほど怒ったこと、心が張り裂けそうなほど悲しかったことは、深く記憶に刻まれるものですよね。

自分のこととして感情を込めやすくした例文は、〝使える状態〟で単語を頭に入れていくのには効果絶大です。

もちろん、自力で例文をつくれる方なら、より自分の状況や心情に合った文のほうが効果的。

たとえば私は、idiosyncrasy（変わった行動）という言葉を覚える際、自分の最も変わっている部分を思い浮かべ、「通訳をする時、おでこに3本の深いしわをつくってしまうのは私の idiosyncrasy だ」という例文をつくりました。この文を声に出し、「本当に変わっているなあ」という感情を込めて読めば、「いつでも使える単語」として頭にストックされるというわけです。

例文をつくる際は、できれば自分をほめるもの、わくわくするようなものにしたほうがいいと思います。arresting（注目を引く、人目につく、印象的な）という単語を覚えるなら、鏡に向かって笑顔を浮かべ、"My most arresting feature is my smile."といってみるのです。こんな方法なら、単語がすぐ使えるようになるだけでなく、気分も明るくなると思いませんか？

18
Rules

映画や音楽を利用し、感情を使って単語を覚える

一石二鳥ではなく、「一石四鳥」にする

人間の脳の「感情を伴うと記憶に残りやすい」という性質を使えば、ほかにも上手に単語を増やせるシーンがあります。

たとえば、映画。私は『プリティ・ウーマン』が大好きで、何度も繰り返し見てはセリフを覚えました。中でも印象的なのは、ジュリア・ロバーツが初めてリチャード・ギアとオペラを見に行く場面。貴婦人のように着飾った、輝くばかりに美しいジュリア・ロバーツを見て、リチャード・ギアは"You look stunning!"というのです。私も彼女の美しさに見とれ、「なんて素敵なんだろう」という感情とともに、stunning（素敵な、すばらしい、魅力的な）のニュアンスをしっかりと覚えることができました。

映画の印象的なシーンで使われる表現は、俳優の表情や流れる音楽などとともに感情を

ゆさぶるため、記憶に残しやすいといえます。

音楽についても、同様のことがいえます。みなさんは、「ラジオやテレビから流れる曲を聞いて、遠い記憶がつい昨日のことのようにありありとよみがえった」という経験がないでしょうか？　ちょっとセンチメンタルになったり、思わず顔がほころんだりすると、音楽には感情を突き動かす力があることを実感させられます。

この力を、うまく単語を覚えるパワーに転換することを考えてみましょう。もし英語の曲で好きなものがあったら、タイトルや歌詞をチェック。好きな曲に乗せて歌詞の内容に入り込んでいくと、そこに登場する単語が自然に頭に入ってくるものです。

通訳になりたての頃、自分の英語力不足を痛感していた私は、仲間とカラオケに行っても英語の曲ばかり歌っていました。当時は英語に関してストイックでしたから「少しでもトレーニングになれば」と思っていたのですが、実際、好きな曲なら楽しんで歌いながら単語の意味を頭に刻み込むことができるのでお勧めです。

また、私は自分の結婚式でカーペンターズの"For all we know"を歌ったのですが、何度も練習し感情を込めて歌うことで、生きた表現として自分のものにすることができたように思います。この曲の"time alone will tell"という一節は、直訳すれば「時間だけが教えてくれる」となりますが、「2人が本当の愛をはぐくめるかどうかは、時間をかけなければわからない」というメッセージが込められているのです。

この表現は、ほかのシーンにも応用可能です。たとえば「英語をものにできるかどうかは、時間をかけなければわからない」などという時にこの一節を使うと、ちょっと気の利いた文になるでしょう。

私は「一石二鳥、三鳥、四鳥」になる勉強法が好きなので、映画も音楽も、自分の結婚式さえ「英語を身につけるチャンス！」と思えばどんどん活用します。もしかすると読者のみなさんの中には「そこまでやるのか！」と苦笑された方もいらっしゃるかもしれませんが、「自分にもできそうだな」と思うものがあれば、楽しみながら少しずつ取り入れていってみてください。

19
Rules

do, make, have, get, go を使いこなそう!

単語学習法の一環として、ここで「基本動詞」についてもご説明しておきたいと思います。

基本動詞を徹底的に覚える

英会話では名詞の連呼でも多少のコミュニケーションが可能ですが、伝えたいことをより確実に伝えるためには動詞が不可欠。特に強調したいのは、do, make, have, get, go という5つの基本動詞の威力です。アメリカなら、この5つで日常生活はほぼ乗り切れるといっても過言ではありません。図3のように、「朝起きて、電車に乗って仕事に行き、ランチを食べ、お客様との約束を取りつけて会いに行き、帰宅して夕食をつくって食べ、食器を洗い、寝る」という生活上の動作は、すべて基本動詞で表現できるのです。

基本動詞を含む表現は、会話に頻出するのに、使い方を知らないと日本人にはニュアンスがわかりにくいものも少なくありません。たとえば"You made it."や"I got it."はいずれも日本語でいうと「やったね！」という感じですが、"You made it."は「マラソンでゴールにたどり着いた」「論文が完成した」といったように「プロセスを完了することができたね、やったね」という時に使います。一方、"I got it."には「手の中に入る、神髄を突く」というニュアンスがあり、「答えがわかった（やったね！）」といったシーンで使われる表現です。

また、私の好きな"You made my day."という表現は、直訳すると「あなたが私の1日をつくってくれた」ですが、これは日本語でいえば「あなたのおかげでいい1日だったわ（ありがとう）」という意味。相手に何かしてもらった

図3　基本動詞で1日の行動を表現すると……

朝起きる……….**get up**
準備をする……….**get ready**
電車に乗る……….**get on the train**
会社に行く……….**go to the office**
仕事をする……….**do my work/assignments**
ランチを食べる……….**have lunch**
いろいろ片づける……….**get things done**
お客様と約束を取りつける……….**make an appointment with a customer**
お客様に会いに行く……….**go visit the customer**
帰宅する……….**go back home**
夕食をつくる……….**make dinner**
夕食を食べる……….**have dinner**
食器を洗う……….**do the dishes**
寝る……….**go to bed**

時の感謝の言葉として幅広く使われますが、知らないとちょっとピンとこないかもしれません。

単語の学習において語彙数を増やせばそれだけ表現が広がるのは間違いありませんが、ビジネスシーンや海外旅行などでの英会話を目標とする方なら、まずは基本動詞のような最頻出単語を使いこなせるようにすることを優先したほうがいいでしょう。たった5つの基本動詞で表現できることを押さえれば表現の幅が一気に広がるのですから、学習効率は高いといえます。

基本動詞の使い方を覚えるには、日常的に使われる表現を集めた本を1冊、覚えてしまうのが近道。たとえば『中学レベルの英単語でネイティブとペラペラ話せる本』（ニック・ウィリアムソン著、ダイヤモンド社）は、基本動詞も含めた様々な表現を取り上げた本です。英会話の入門としては、まずこうした本を1冊やるのがお勧めです。

20
Rules

難しい文法用語を忘れ、「パターン」で身につける

考えずに英語で反応できるようになる

さて、次は「さしすせそ」の「し」に当たる「文法」の学び方を見ていきましょう。

学生時代の私は、文法の勉強が大嫌いでした。「現在分詞」「過去分詞」「現在完了形」「仮定法」など、文法を説明する日本語の意味がわかりにくく、混乱してしまうことが多かったのです。

ところが、そんな「文法嫌い」だった私が、トフルゼミナールに通い始めてからは楽しく文法に取り組めるようになりました。半年でTOEICのスコアを500点以上もアップできたのは、文法を攻略できたことも大きな要因だと思っています。

私の「文法嫌い」が直ったのは、トフルゼミナールでは小難しい文法用語を一切使わず

に教えてもらえたからです。TOEFLはアメリカに留学する外国人学生の英語力を測るために実施されているテストですから、対象は「英語を母語としない人」。このため、TOEFL対策として世界で定評のある参考書では、混乱を招きがちな難しい文法用語を避け、文法を〝パターン〟で攻略する方法を採用しています。トフルゼミナールでは、この方法に従って文法を指導していたのです。

「文法をパターンで攻略する」といわれても、受験英語で文法用語漬けになった方はなかなかイメージしにくいかもしれません。ここで一つ、わかりやすい例をみてみましょう（図4）。

図4　文法のパターン攻略の例

I recommend that she **study** this text book.

命令、要求、提案、決定のような「強い意志を表す動詞」の後の that 節の中では、**動詞が原形**になる。

【命令、要求、提案、決定を表す動詞の例】
suggest（提案する）、demand（要求する）、order（命令する）、request（依頼する）、propose（提案する）、decide（決定する）

⬇ これをパターン化して覚える

- I suggest that she **study** this text book.
- I demand that she **study** this text book.
- I order that she **study** this text book.
- I request that she **study** this text book.
- I propose that she **study** this text book.
- I decide that she **study** this text book.

I recommend that she study this text book.

この文は、文法の初学者の方だと「that 以下の節は、三人称である she に従って動詞に studies と『三人称、単数、現在』の s がつくのでは?」と考えるかもしれません。しかし正しい英文法では、命令、要求、提案、決定のような「強い意志を表す動詞」の後の that 節の中では、動詞が原形となります。これは、イギリスではもともと、「強い意志」を表すために that 節の中に「すべきだ」という意味の助動詞 should が入っていたからです。

I recommend that she should study this text book.

しかしアメリカでは、長い歴史の中で、このような文について「強い意志は動詞で表現できているのだから、『すべきだ』という部分は割愛してもいいだろう。効率よく簡略化したほうがいい」と考えられるようになっていったようです。結局、should を省略した後も動詞の原形は残り、アメリカ英語の文法のルールとして定着しました。

後ろに続く that 節の中の動詞が原形になる「強い意志を表す動詞」には、suggest,

demand, order, request, propose, decide などがあります。また、同様のルールが適用される表現として、"It's necessary that ～"のように"It's xxx that"の形で感情や判断を示す形容詞を用いる場合もthat節の中の動詞は原形となります。このルールに従う形容詞には、strange, natural, surprising などがあります。

受験英語では先に抽象的な文法を学び、「この文法に従うと1番の問題の答えはCで、2番の問題の答えはAだ」といったように具体例を見ていきます。右の例でいえば、まずは「強い意志を表す動詞の後のthat節の中では動詞が原形になる」というルールを覚えよう、というわけです。

しかし文法をパターンで学習する場合は、まず「recommend, suggest, demand, order, request, propose, decideといった動詞が出てきたら、とっさにthat節の中の動詞を原形にする」というように、反射的に正しい答えを導く練習をします。「そういうものなんだな」ということがわかるまで身体にしみ込ませることが大切で、理屈については後から必要に応じて理解すればいい、という考え方です。

このような勉強法に切り替えると、難しい「過去完了形」という文法用語を知らなくても、「この場合はすでに動作が完了しているから……」などと考えることなく、「already ときたら have done」というように反射的に反応できるようになります。

文法は「パターンの積み重ね」と捉える

パターンによる文法の学習は、テスト対策に限らず、仕事で英語を使う方から趣味で日常会話の勉強をされている方まで幅広く有効です。

英会話ではリアルタイムでコミュニケーションを取りますから、「現在完了形の have done かな、それとも過去形の did かな」などと考えている時間はありません。抽象的な文法にさかのぼって考えている間に会話はどんどん先に進んでしまい、結局、発言のチャンスが失われてしまうことになりかねないのです。

この点、パターン学習であれば、正しい文法の英語がとっさに口をついて出てくるようになります。よく考えてみれば、人間が自然に言葉を身につける時は文法用語など使わず、まさにパターンを学んで正しい表現を覚えていくもの。パターン学習は、「現場で使える英語」をものにするという意味でも理にかなっているのです。

これから文法をやり直したいという方は、文法書を読む必要はありません。テスト対策なら、どんどん問題を解き、解説を読んで「なるほどそういうものか」というパターンを積み重ねていくほうが効果的です。もちろん、解説を理解するためには「主語、動詞、目的語」や「名詞、動詞、形容詞、副詞」といった程度の用語は押さえておいたほうがラクだと思いますが、細かい文法用語はこの際「知らなくていい」と割り切りましょう。抽象的なルールを覚えるよりも、英文にたくさん触れるトレーニングを積んだほうがずっと効果的です。

文法をパターンで学習したいという方には、『TOEFL TEST対策完全英文法』（阿部友直著、テイエス企画）がお勧めです。これはトフルゼミナールで教鞭《きょうべん》を執られていた先生が書かれた本で、私がTOEICで一気に500点アップした時はこの参考書を使って勉強していました。

本の中では227のパターンが紹介されていますが、私の経験では、だいたい7割をものにできていればTOEICで800点を超えられます。それも、最初は「この問題は前に解いたのと似たパターンだな」という程度の理解でした。「この問題はあのパターンだから、答えはこれだ」と自信を持って答えられるようになったのは、TOEIC900点を超えた頃のこと。さらにパターン学習を繰り返し、どんな問題でも一発で答えを選んで「なぜほかの選択肢が間違いか」が説明できるまで突き詰めると、TOEICのスコアは950点を超えました。

21
Rules

前置詞は「絵」で理解する

前置詞もパターンで捉える

文法の中で、特に日本人が苦手だといわれているのが前置詞。これも〝パターン〟で勉強するのが有効です。

私も昔は前置詞に対して苦手意識がありました。辞書で前置詞を調べると、意味も例文もたくさん載っています。場所を表す前置詞だけでも、部屋の中はin、駅や学校、レストランはatで、バスはon……。何をもとに判断して使い分ければいいのかがわからず、仕方がないので「roomだったらinでstationならat」というように、名詞に合わせて前置詞を選んでいました。辞書や参考書の例文で見たことのない名詞が出てくると、まったくお手上げの状態だったのです。

こうした学習法にはやはり限界があります。途方に暮れていた私を救ってくれたのは、図解によって前置詞のパターンを解説した参考書でした。前置詞には、たとえば場所を表すものの場合、「何かに接触し、物理的に上に乗っている時はon」「壁に囲まれるなど、くくりがはっきりした空間の中にあるときはin」「くくりがはっきりしない〝その辺〟にあるならat」といった原則があります。この原則を、たくさん絵で事例を見ながらパターンとして身につけていったことで、自分で前置詞を応用できるようになったのです。パターン学習を始めてからは、辞書に載っていないような、「深夜にハクビシンが電線の上を歩いているのを見た」といった状況でも、ハクビシンが電線に接触して物理的に乗っている絵をイメージすると、迷うことなく〝At midnight, I saw a civet walking on an electric power cable.〟という文が口から出てくるようになりました。

前置詞をパターン学習できる参考書は、TOEICやTOEFL用のものも含め数多く出版されていますから、自分に合うものを探してみてください。ビジネス英語や一般的な英会話で前置詞を使い分けられるようになりたいという方であれば、『絵でわかる前置詞の使い方』（エインジェル・久保著、明日香出版社）が楽しく学べるのでお勧めです。この本は絵がシンプルで直観的に勉強しやすいことに加え、辞書で勉強しているとわかりにくいin the front of（最前列）とin front of（前方）の違いなども絵で解説されているので、初心者から中級以上の方まで幅広く活用できるのではないかと思います。

TOEICなどのスコアアップには、「動詞と前置詞のセット」を単語のように覚えておくのも有効な対策です。

たとえばparticipateという単語については、後ろにつく前置詞inをビジュアルでイメージするよりもparticipate inという一つのかたまりとして記憶してしまったほうがスムーズに使えます。動詞がどんな前置詞とセットで使われるかを確認するには、『英和活用大辞典』（研究社）やコリンズ社の『Cobuild』（コウビルド）という英英辞典がお勧め。さらに類語辞典を使って同じ意味を持つ単語を調べ、participate inならtake part in, be involved inなどと並べて「動詞＋前置詞の同義語グループ」を覚えると効果的です。

22
Rules

発音は「形」をまねることから始める

「サーカス」が伝わらずにショック！

続いて、「さしすせそ」の「す」に当たる発音についてご説明していきます。

「英語の発音が苦手だ」という方は少なくありません。中には、通じればいいのだから発音にこだわらなくてもいいと割り切っている方もいるでしょう。通訳者などの英語のプロの中にも「発音はあまり重視しない」という人がいるほどですから、これも一つの合理的な考え方だと思います。

しかし私自身は、発音のコツを正しく押さえておくことが英語学習において大切なポイントだと考えています。理由はごくシンプルで、発音がきれいなほうがコミュニケーションがスムーズだからです。

私には、発音の重要性を意識するようになったきっかけが2つあります。

一つは、短大時代の私に英会話を教えてくれたハーバード大学の学生の日本語が非常に聞き取りにくかったことです。彼の日本語はかなりハイレベルでしたが、正しい日本語であっても発音にクセがあるため、「今、何ていったの？」と聞き返さざるをえないことがよくありました。

もう一つは、19歳でアメリカに旅行した時の経験。ラスベガスの空港に降り立ち、タクシーに乗ろうとしてサーカスサーカスというホテルの名前を告げたのですが、私が何度「circus circus」と繰り返しても、運転手に伝わらなかったのです。言い方を変え、できる限りのありとあらゆるパターンで発音してみたのですが、結局、理解してもらうことはできませんでした。10分近く粘ったあげく、仕方なく紙に書いて見せると、運転手が一言、「Oh, circus!」……自分ではそういっていたつもりだったのに、彼の耳にはまったく別の音に聞こえていたのでしょう。

みなさんにも「自分のこと」としてイメージしてみていただきたいのですが、外国人が日本語を話すのを聞いたとき、発音に強いクセがあったら聞き取りにくいだろうなと思いませんか？　実際、何度も聞き直さないといっていることが理解できないこともありえるでしょう。これは当然、英語でも同じこと。もちろん多少発音がおかしくても、前後の文脈などから相手が正しく理解してくれる場合もあります。しかし自分が伝えたいことを相手にスムーズにわかってもらいたいなら、聞き取りやすいように発音したほうがいいことはいうまでもありません。

発音のトレーニングをすると、見逃せないメリットもあります。日本には英語がもとになっているカタカナ語がたくさんありますが、こうした単語はそのままカタカナで発音しても外国人に伝わらないことが少なくありません。しかし、コツを押さえて発音しさえすれば、すぐに「使える単語」になるのです。逆に考えれば、発音を直さないのは非常にもったいないことだといってもいいでしょう。

発音では「素直に形をまねてみる」

では、発音を習得するにはどうすればいいのでしょうか?

日本では、発音は「耳で聞いて口でいってみる」という学習方法が一般的です。みなさんも学生時代、英語の先生の後について英文を読み、発音を覚えた経験があるのではないでしょうか。あるいは、CDなどでネイティブスピーカーの発音を聞いてトレーニングしたという方もいるかもしれません。

こうして「音」をまねるのは、実はあまり効果的な学習法ではありません。というのも、外国人が聞き取れる音を発音するには、「形」がカギになるからです。

たとえばtheaterという場合は、thのところで必ず、「舌の先をちょっと前歯の間に入れる」という口の形をつくらなくてはなりません。外国人は「舌の先が前歯の間に入った時に出る音」をきちんと聞き分けられるため、その音が出るべきところで出ていないと、いくらカタカナ英語で「シアター」といってもtheaterには聞こえないのです。逆に、日本人の耳にはカタカナ発音のように聞こえるいい方、美しいとはいえない発音であっても、舌の先をきちんと前歯の間に入れさえすれば、外国人は正しくtheaterと聞き取ってくれます。つまりポイントは、ネイティブとまったく同じように発音しようとすることではなく、「相手がストレスなく聞き取れる発音のコツ」をつかんで習得することなのです。

「Wの音なら口先を思い切り尖《とが》らせる」「Lは舌の先を前歯の裏に置く」「Rは吐きそうな時のように舌をクルッと喉の奥に巻き込む」――こんなふうに、発音は舌や口の形から入るもの。正しい「形」を身体に覚え込ませるには、意識的な訓練が必要です。その際、「素直に形をまねてみる」ことが大切。普段は使わない口の形をつくると表情もだいぶ変わりますが、人によっては口を尖らせたり舌を出したりすることが恥ずかしいと感じられるようです。しかしそこで躊躇《ちゅうちょ》せず、思い切って「形」をものにすることが発音上達の近道です。

発音の勉強をする際は、口の形や舌の位置が書いてあり、CDなどで正確な発音が聞ける参考書を入手しましょう。私自身は、英会話学校で発音クラスを受け持つ際に『Pronunciation pairs』というケンブリッジ大学が出している教材を使用しました。口の形が明確に書かれているのはもちろん、read と lead、rice と lice などいい間違えやすい単語が交互に出てくるので、発音のコツを確実に身につけられたと思います。現在も『Pronunciation Pairs Student's Book with Audio CD』（Ann Baker, Sharon Goldstein 著、Cambridge University Press）というCDつきのペーパーバックが入手可能です。あるいはネイティブの先生を探し、口の形を目の前で見せてもらいながら練習してもいいでしょう。私は今でも、通訳仲間と一緒にネイティブの知人を訪ね、〝発音を見せてもらう〟ことがあります。

発音を正しく身につけると、リスニングでもきちんと聞き分けられるようになりますから、発音トレーニングはテスト対策にも有効。臆さず、ぜひ挑戦してみてください。

23
Rules

リスニング力を飛躍させる「大量の聞き流し」

可能な限り、英語を流しっぱなしにする

次は「さしすせそ」の「せ」、リスニングのトレーニング方法。英語学習の目的を問わず、すべての人にお勧めしたいのは「大量の聞き流し」を行うことです。

聞き流しの効果については、賛否両論があります。先に申し上げておきますが、私は「ただ聞き流すだけで英語が身につく」とは考えていません。しかし私自身の経験を振り返ると、聞き流しは大変有用なのです。

トフルゼミナールに通って本格的に英語を勉強し始めた頃から、私はずっと聞き流しを実践してきました。何をいっているのかよくわからなくても、耳に音を入れられる時間はずっと英語を聞きっぱなしで、一時は寝る時さえヘッドフォンをして英語を聞いていたほどです。今でも耳をお留守にしないよう、家にいる時も外出中も、可能な限り英語のコン

テンツを流しっぱなしにしています。

私は〝純国産〟の通訳者なので、帰国子女や留学経験者の通訳の方に比べればリスニング力に難があって当然なのですが、「早口な外国人の方がぼそっと冗談をいう」といったハードルの高いシーンもあまり苦になりません。これは、長年にわたって聞き流しで耳をつくってきた成果だと思っています。ナチュラルスピードで話される英語を聞き流していると、徐々にその速度に耳が慣れていくからです。

プールでしか泳いだことがない人は、海に行くとその広さや波の動きにびっくりするでしょう。海で泳ぎたいなら、少なくとも実際に海に入り、海とはどんなところなのかを身体で感じる必要があります。いつか遠くまで泳ぎたいと思うなら、水泳のトレーニングはできるだけ海でしたほうがいいですよね。リスニングも、これと同じこと。いずれ英語を使おうとすれば、必ずナチュラルスピードでコミュニケーションを取る必要に迫られます。その場になって「こんなに速いのか」と慌てても、〝時すでに遅し〟です。「ナチュラルスピードとはどんなものか」を耳が実感できる環境をつくり、その速さが当たり前になるようにしておくことが大切なのです。

聞き流しは映画やドラマで

聞き流しによってリスニング力がアップすると、単語やちょっとした表現を耳から仕入れられるようになり、英語学習が加速する効果があります。

英語に触れ続けることで、様々なシーンで繰り返し登場する定型的な表現が自然に口から出るようにもなっていくはずです。もちろん、ネイティブならではの「間」の取り方も身につきます。

ＴＯＥＩＣはリスニングの問題がナチュラルスピードよりずっとゆっくりなので、聞き漏れがなくなって点数が上がりやすくなるでしょう。

聞き流しは、その日のやる気や体調などを問わず、毎日の習慣として取り入れてください。「耳を傾けて聞こう」「意味を理解しよう」などと意識する必要はありません。ただＢＧＭのように流しておけばいいだけですから、どなたでも無理なく実践できるのではないかと思います。可能な限り長く、「24時間英語を聞いている」というくらいの環境をつくりましょう。

聞き流しに使用するコンテンツは、ナチュラルスピードのものを選びます。英語のリスニング教材は聞き取りやすいようにゆっくり明確に話しているものが多いのですが、聞き流しの目的の一つは普通のスピードに耳を慣らすことですから、映画やドラマ、英語のポッドキャストなどを聞くほうが目的に合っています。また、詳しくは後ほどご説明しますが、自分の仕事と重なるシーンのある映画やドラマなど、学習の目的や興味関心に合ったコンテンツを選ぶことも大切です。無理なく続けられるよう、聞いていて楽しいものを使いましょう。

24
Rules

聞こえた英語をそのまま、まねる

「シャドーイング」で英語力はぐんぐんアップ！

聞き流しは誰でも簡単にできて効果も期待できる学習法ですが、リスニング力を鍛えるには聞き流し〝だけ〟では足りません。段階的に、意識して耳を鍛える方法も取り入れていく必要があります。

まず、聞き流しをしている英語コンテンツを理解しようとしながら聞いてみましょう。これも映画や海外ドラマを見るなど楽しみながら実践すればＯＫです。「断片的にわかるな」という程度でもかまいませんから、一生懸命集中して聞くようにします。同じ音を聞くのでも、ただ流しているのと「意味を聞き取ろう」と思って耳を傾けるのとでは、トレーニングの効果に大きな差がつくからです。集中的なリスニングにナチュラルスピードのコンテンツではつらいという場合は、英会話のＣＤ教材など、スピードが遅めのものを活用してもOKです。

集中してリスニングを行うと、「聞き取れない音」「音は聞き取れても意味に自信が持てない単語」など、自分にできていない部分がはっきりして「ちゃんと聞き取りたい」「意味を知りたい」というフラストレーションがたまるでしょう。このイライラが、後々「あぁ、あのシーンはこんな台詞《せりふ》をいっていたのか」「あの単語はこういう意味だったのか」などとわかった時に一気に吸収するための下地となってくれます。


さらに一歩進んだトレーニング法が、「シャドーイング」。日本人にはあまりなじみがありませんが、リスニング力はもちろん、単語力、文法力、会話力など総合的な英語運用力をぐんぐん伸ばすことができる、私のいち押しの英語学習法です。

シャドーイングとは耳で聞こえた英語をそのまままねて発音することで、似たようなトレーニング方法には「リプロダクション」があります。みなさんは学校の授業などで先生が"Repeat after me."というのに従って英文を繰り返し発音した経験があると思いますが、これがリプロダクションです。シャドーイングがリプロダクションと異なるのは、「耳で聞いたことをいったん覚えて口にする」のではなく「聞いたそばからどんどん口にする」

という点。カラオケで知らない曲を入れてしまった時などに、ガイド音声を聞きながら少し遅れて歌う感覚に似ています。

日本人はリプロダクションに慣れているため、最初は「シャドーイングは難しい」と感じる方が多いようです。しかしいったんやり方を身につけてしまえば、「聞いて覚えて口にする」より「聞いてそのまま口にする」ほうがずっとラクです。リプロダクションでは英語を口にする前にいちいちCDやDVDなどの音源を止めなくてはなりませんが、シャドーイングは流しっぱなしでOKなので気軽に実践できるというメリットもあります。継続すると魔法のように英語力が伸びますから、ぜひ英語学習プログラムに組み込んでいきましょう。

シャドーイングでも感情移入をする

シャドーイングを行う際は、必ずヘッドフォンやイヤフォンを用意します。耳にしっかり英語の音声を入れること、自分の声がじゃまにならないようにすることがポイントです。自分の声が気になるようであれば、英語の音声のボリュームを少し上げてください。

この状態で、聞いた音をそのまま口にします。抑揚や間のあけ方、単語同士がつながって聞こえる感じもふくめて、聞いた通りに発音することに集中しましょう。

シャドーイングは、話者になりきって感情移入し、演じるつもりでやるのがお勧め。これは以前、通訳仲間と「表現や内容を覚えることを意識してシャドーイングした場合」と「リラックスして話者になりきり、感情移入してシャドーイングした場合」を比較する実験を行ったところ、気持ちを込めたりジェスチャーを交えたりすることで記憶への定着率がアップすることがわかったからです。

難しいと感じる場合は、英会話表現集についてくるCDなど、スピードの遅いものから始めましょう。文章をシャドーイングするのが難しければ、単語を集めたCDを使って単語だけをシャドーイングしてもいいと思います。無理なく続けられるよう、自分のレベルに合った英会話教材を使うことを心がけてください。NHKラジオの語学番組は様々なレベルに対応した英語の番組をラインアップしていて、インターネットで過去1週間分をいつでも聞くことができます（http://www.nhk.or.jp/gogaku/english/）。初学者の方であれば、

■ラジオ英会話（http://www.nhk.or.jp/gogaku/english/kaiwa/）
■英語5分間トレーニング（http://www.nhk.or.jp/gogaku/english/training/）
■入門ビジネス英語（http://www.nhk.or.jp/gogaku/english/business1/）

などがお勧め。試しにいくつか聞いてみて、「これくらいなら続けられそうだな」「目的に合った表現が学べそうだな」というものを探し、活用してはいかがでしょうか。

シャドーイングが難しく感じる場合、最初のうちは文字を見ながら行ってもかまいません。ただし、シャドーイングでは耳で音をとらえられるようになることが大切なので、慣れてきたら文字を見るのはやめましょう。

最近はシャドーイングが英語学習法として注目を集めていて、市販の教材も増えています。『NHK英語でしゃべらナイト CD付き シャドーイング入門 4週間プログラムドリル』（主婦の友社）などを使うのも、一つの方法です。

25
Rules

聞き流しやシャドーイングの教材は厳選しよう

聞き続けて苦にならないものを選ぶ

聞き流しやシャドーイングを行う際は、「何をたくさん聞くか」も重要なポイントです。

先にご紹介したように、私がTOEICのスコアを一気に500点以上アップしたときは、映画『プリティ・ウーマン』の音声をカセットテープに入れて繰り返し聞いていました。これは、ジュリア・ロバーツ演じる主人公の恵まれない状況が「現状を打破したい」ともがいていた自分と重なり、とても共感できたからです。大好きな映画ですから、繰り返し見ても聞いてもまったくあきることがなく、そのうちに自分の口から映画の台詞がそのまま出てくるようになりました。台詞が私の頭にスムーズに入ってきたのは、ジュリア・ロバーツの台詞に「今の私の気持ちにぴったり！」と思えるようなものが多く、自分がすぐにも使ってみたい英語表現だったからだと思います。

こうした自分の経験を通して思うのは、まず「聞き続けても苦にならないもの、心から『楽しい！』と思えるもの」を選ぶべきだということです。英語に大量に触れることが第一の目的ですから、「いやいや聞いていて、結局長続きしなかった」ということにならないようにしましょう。この点、映画は多くの人を引きつけるだけのストーリー展開に加え、BGMや効果音などにお金をかけてつくられていますから、エンターテインメント性はかなりのもの。聞き流し用に何度も使う教材は、参考書についてくるCDなどよりも、映画やドラマのほうが向いているといえるでしょう。

もう一つ、非常に大切なポイントは、「自分の目標に合った内容のものを選ぶ」ということ。

もし日常会話を身につけたいなら、気の利いたやりとりが多い恋愛映画やファミリードラマなどが教材に向くでしょう。女性なら、女同士の友情と恋愛模様を描いた人気ドラマ『セックス・アンド・ザ・シティ』を使ってみるといいかもしれません。もう少しビジネス寄りのものなら、仕事と恋に奮闘する女性を描いた映画『プラダを着た悪魔』がお勧めです。

ビジネスに役立つ英語力をつけたいという人は、自分の仕事に関連するテーマに着目して選びましょう。たとえば映画『エリン・ブロコビッチ』は環境問題や裁判が素材になっているので、化学用語や法律用語が出てきます。化学系のメーカーにお勤めの方や法務部で仕事をしているといった方なら、ビジネスシーンで使える単語も覚えられるので一石二鳥です。『キューティ・ブロンド』は、彼氏に振られたことをきっかけにロースクールに入って弁護士として自立していく女性を描いたコメディで、これも楽しみながらやさしい法律用語を身につけられる映画。医薬系の仕事をしている方なら、アメリカの大人気医療ドラマ『ＥＲ』。ＩＴ系の会社に勤めているのであれば、Ｆａｃｅｂｏｏｋ創業者のマーク・ザッカーバーグをモデルにした『ソーシャル・ネットワーク』をチェックしてみてはいかがでしょうか。

ひとくちに「映画やドラマを教材にする」といっても、人によって強い興味を持てるものや実用性があるものは異なります。「興味」と「実用性」の両方を満たせるコンテンツを見つければ、聞き流しやシャドーイングがスムーズに軌道に乗るでしょう。

私は『プリティ・ウーマン』に限らず、様々な映画やドラマを英語学習に活用してきました。映画には、「ネイティブなら誰でも知っているけれど、日本語からの直訳では絶対にたどり着かない表現」がたくさん出てきます。

たとえば、レストランなどに入店した時、「何名様ですか?」と聞かれたら、日本では「2名でお願いします」などと答えます。これを英語に直訳すると"Two people, please."などといってしまいそうですが、アメリカでは"A table for two."と答えるのが正解。私はこの表現を映画で知りました。生きた英語表現に触れることで、「日本語をベースにして英作文したら通じなかった……」といった失敗は減っていくはずです。

教材選びは最初が肝心

もっとも、いくらリスニングのトレーニングといっても、初学者の方が耳だけで意味を理解したり表現を拾ったりするのは難しいと思います。DVDには英語字幕が収録されているものもありますが、画面に表示される文字は台詞の一部です。できれば脚本を入手したほうがいいでしょう。

私がお勧めしたいのは、「外国映画英語シナリオ　スクリーンプレイ・シリーズ」です。英語字幕にない台詞はもちろん、シチュエーションを説明する英文まで載っていて、ページごとに日本語訳が添えられているので、「聞き取れない」「聞き取れたけれど意味がよくわからない」という時に気軽に参照できます。慣用句や口語・俗語、固有名詞などの解説もついていますから、生きた英語表現を仕入れるのにもうってつけです。手元に用意しておくと、洋画を英語で見始める際のハードルが下がるでしょう。「スクリーンプレイ・シリーズ」でこれまでに出版されているのは約150タイトルほどですが、現在は入手できないものもあるので、目的に合ったものがあるかどうかはご自身でチェックしてみてください。

教材選びは、最初が肝心です。「とりあえずこれでいいかな」などと適当に選び、合わなかったりすぐに飽きたりして使わなくなってしまうと、英語学習そのものが中断してしまうことになりかねません。「この映画1本、脚本1冊を使い倒して完璧に自分のものにするんだ」という意気込みで、「これなら続けられる」と思えるものを選択しましょう。

ここまで、「大量の聞き流し」「集中して意味を聞き取るリスニング」「シャドーイング」の3ステップで行うリスニングのトレーニング法をご紹介してきました。

このプロセスは、実はテストのためのリスニング対策としても有効です。

ナチュラルスピードの教材を多用すると、TOEICやTOEFLなどの試験ではリスニング問題のスピードがそれほど速くないと感じるようになります。これは、スキーでいったん上級者向けの斜面を滑ると、中級者向けの斜面が緩いと感じるのと同じこと。特にTOEICは、帰国子女の人が聞くとその不自然さに思わず笑ってしまうほどゆっくりなのです。私自身、右の3ステップを実践した結果、TOEICのリスニングは早い段階でほぼ満点が取れるようになりました。ぜひ、みなさんも試してみてください。

26
Rules

表現力をつける「会話」のチャンスをどうつくる?

会話によって表現力はどんどんアップする

では、続いて「さしすせそ」の「そ」に当たる表現力の磨き方をご紹介しましょう。ここでいう表現力とは、英語でコミュニケーションを取る力のこと。「英語運用力」といい換えてもいいかもしれません。

まず大前提として意識していただきたいのは、英語でコミュニケーションできるようになるには実際に英語を使う機会をつくる必要がある、ということです。これは「泳げるようになるには、実際に泳いでみなければならない」というのと同じこと。いくら水泳の技術を解説した本を読み込んでも、泳ぎ方は身につきません。当たり前のことだと思われるかもしれませんが、英語の勉強となると受験勉強のように「机に向かって一人でやる」という方が少なくないのです。運用力をつけたいなら、英語で誰かとコミュニケーションを取る経験が不可欠だということを頭に入れておきましょう。

「学んで、使って、間違えたら修正し、また学んで使って……」というサイクルさえ回せば、英語の運用力は加速度的にアップします。

また、英語を実際に使ってみると、必ず相手から反応がありますが、その反応は教科書のように一様ではありません。たとえば"How are you?"という挨拶に対して、日本人は判で押したように"I'm fine."と答える方が少なくありませんが、実際には"I'm OK."という人もいれば"Couldn't be better.（最高だよ）""Actually, I'm not feeling well.（あんまり気分がよくないんですよ）"という答えが返ってくることもあります。こうした表現のバリエーションは、実際に会話をしてみることで増えていくもの。表現力アップのカギは、対話する相手の中にあるのです。とにかく場数を踏み、多様な表現に触れることが大切です。

英語を使う機会はそこらじゅうにある！

私が「英語は実際に使ってみましょう」とアドバイスすると、「身の周りに外国人がいないので、どうすればいいかわからない」という方が少なくありません。すぐ思いつく方法は英会話学校に通うことですが、お金と時間がかかるので、忙しく働いている人や英語学習にあまりお金をかけられない人にはハードルが高いでしょう。

しかし、その気になれば英語を使うチャンスはつくれます。第1章では、私が短大時代、地下鉄の中で外国人の男女に「英語を教えてほしい」と声をかけたエピソードをご紹介しましたが、私はそれ以外にも英語を話す機会をつくろうと様々な方法にチャレンジしてきました。

まずは、街中で道に迷っていそうな外国人を見つけたら"May I help you?" "Are you OK?"などとすかさず声をかけたり、空港や駅などで時間を持て余していそうな外国人を探して話しかけたり、とにかく「外国人を見つけたらできるだけ声をかけてみる」こと。英会話学校の体験授業や無料レベルチェックもよく受けていましたし、帰国子女や留学経験のある人と友達になって英語で会話してもらったこともありました。現在も通訳仲間や留学経験者の夫と英語で話したり、最近ではSkype（無料のインターネット通話サービス）やFacebookを使って外国人とチャットをしたりしています。

また、近年は自宅で英会話レッスンを受けられるサービスが増えています。インターネットサービスなら海外とも無料通話できるメリットを活かし、Ｓｋｙｐｅでフィリピンなどに住む講師から英会話のレッスンを受ける仕組みで、一般的な英会話学校と比べるとコストがかなり安いのが特徴。自宅にいながらにしてできる手軽さもあり、少しずつ利用者が増えているそうです。「自分ではなかなか英語を使うチャンスがつくれない」という方は、こうしたサービスを利用し、「英語を使う環境」をつくってしまうのも一つの方法でしょう。

27
Rules

単語から短い文、長い文へと段階的に会話をグレードアップさせる

どうやって文を長くしていくか

英会話は、最初は単語から始め、次に短い文を使い、少しずつ長い文にしていくというステップを意識しておきましょう。

外国人と話す機会をつくったら、まずは単語を並べるだけで構いませんから、自分の意思を伝えることに挑戦します。最初からペラペラと話せるはずがありませんから、あまり焦らず、英語でコミュニケーションを取ることに自分を慣らしていきましょう。

最初の段階から押さえておきたいのは、「相手がいっていることがわからなかった時に聞き返すためのフレーズ」です。会話は、相手があって成り立つもの。聞き取れなかった時や意味がわからなかった時に、聞き返すことを恐れてわかったふりをしてしまうと、会話が発展しなくなってしまいます。「聞き取れなかったのでもう一度いってください」

「（聞き取れたけれど）それはどんな意味ですか」など、会話をきちんと成立させるための「聞き返し用フレーズ」を覚えてしまいましょう（図5）。

次の段階では、ワンセットの主語と動詞だけで成り立つ短い文を使ってみます。まずは、自分が日本語の日常会話でよく使うフレーズについて、英語でどう表現すればいいのかを調べてみましょう。たとえば次ページの図6の①に挙げたような表現は、電子辞書

図5　会話中、相手に聞き直したい時の表現

Sorry? / I'm sorry?

➡'Sorry' は様々なシーンで使える言葉。これだけで、「もう一度いってほしい」という意図が相手に伝わります。

Pardon? / I beg your pardon?

➡イギリスでよく使われる表現。アメリカでは一般的ではないので注意。

What?

➡日本語でいえば「何？」。これだけでも、意図は伝わります。

What did you say?

➡「何ていったの？」（聞き取れなかった時）

What do you mean by that?

➡「それはどういう意味？」（聞き取れたけれど意味がわからなかった時）

What are you trying to say?

➡「何をいおうとしているの？」（聞き取れたけれど意図がわからなかった時）

Can you repeat what you just said?

➡「今いったことを、もう一度いってくれますか？」（justを入れると「まさに今いったこと」だけを指定する意味になり、相手は最初から全部言い直す必要がなくなります）

Can you repeat the last portion (statement/sentence/word)?

➡「最後の部分（発言／文／単語）をもう一度いってくれますか？

Can you run that by me again?

➡「もう一回、いい？」（上級者向けのちょっとかっこいい表現）

やインターネットの検索などで調べればば定型的なフレーズがすぐわかるものです。こうしたフレーズをたくさん仕入れて会話の場でどんどん使ってみてください。リスニングなどで身につけた表現もここで実際に応用してみましょう。短い文だけでも、つなげていけばほとんど支障なくコミュニケーションが可能です(図6の②)。

短い文の羅列でいいたいことが伝えられるようになったら、次は長文に挑戦します。ポイントは、〝糊〟の役目を果たす表現のパターンを使

図6　会話で使う文は、少しずつ長くする

①まずは主語＋動詞の短文で成り立っている定型的な表現を覚える

1. What happened?（どうしたの？）
2. What should I do?（どうしよう）
3. Are you OK?（大丈夫？）

②短文をたくさん並べて意図を伝える

1. What happened to her? She is the receptionist. She works in that building. That building is across from our office.
2. What should I do? He does not come home. But I want to make up with him.
3. Are you OK? Can you come to my place? I can wait until you are done with your homework.

③〝糊〟の役目を果たす言葉を補い、短い文をつなげて長い文にする

1. What happed to her **who** is the receptionist at that building **(which is)** across from our office?
2. What should I do **when** he doesn't come home **even though** I want to make up with him?
3. Are you OK **to** come to my place **after** you are done with the home-work?

い、短い文をつなげていくこと（図6の③）。ここで、パターン学習で身につけた文法が活きてきます。

英会話は、慣れてしまえば実はそう難しくありません。よくいわれることですが、日常会話に使う単語や文法はほとんどが中学校レベルでことたりるのです。最初から肩に力を入れて「完璧に話そう」などと考えず、「単語、短文、長文」と順にステップを踏みながら表現力を磨いていきましょう。

28
Rules

リーディングは まず「サイトラ」で頭から読む練習をする

日本語には訳さない

リーディングは、TOEICやTOEFLなどの試験対策としてはもちろん、ビジネスのための情報収集などにも欠かせない重要なスキル。「必要な情報を正確にピックアップする力」はもちろん、「試験で時間内に問題を解き終えられなかった」「仕事に必要な情報を探すのに膨大な時間がかかった」といったことがないよう、「ある程度のスピードで読める力」も必要です。

では、リーディング力はどのように鍛えていけばよいのでしょうか？ 具体的なトレーニング法の説明に入る前に、あらかじめ押さえておきたいポイントを2つご紹介しましょう。

一つは、英文を頭から順に読んでいくクセをつけること。英語と日本語は語順が異なるため、受験英語では英文を後ろから訳して日本語に置き換えるのが一般的です。この英文和訳の習慣がリーディング力アップの妨げになっている方が少なくありません。大量の文章を読むのに頭から意味を取れず、いつも〝行きつ戻りつ〟していては、なかなかスピードアップできないのも当然です。

頭にしみついた「英文を後ろから読む」という悪いクセを修正し、〝英語脳〟をつくるには、通訳の訓練法である「サイトラ（サイト・トランスレーション）」が効果的。サイトラとは、英文を頭から読む際、意味のかたまりで「／（スラッシュ）」を入れて区切りながら語順通りに訳していく方法です（次ページの図7）。

もちろんリーディングの際は必ずしも日本語に訳す必要はなく、英文を英語のまま理解できればよいというシーンのほうが多いと思います。しかし、初学者ほど「必要がなくても日本語に置き換えながら意味を考えてしまう」という方が少なくありません。これは「後ろから読むクセのために、英文を英語のまま読めない」という状況から脱することができなくなっているためと考えられます。

「そういえば、英文を読んでいるとどうしても〝行きつ戻りつ〟してしまうな」という方

図7　サイト・トランスレーション（サイトラ）とは?

サイトラでは意味のかたまりごとに「/」を、文の切れ目には「//」を入れ、かたまり単位で意味を考えます。

2011 is a transformative year /for the Japanese.// As the world witnessed,/ the largest earthquake in its recorded history/ struck offshore of Sanriku,/ registering magnitude 9.// The massive quake /was followed by a large tsunami,/which caused horrendous damage /to an uncountable number of people and to the Fukushima Daiichi nuclear power plant.// The crippled power plant /is still suffering from the aftermaths of the meltdown /which was caused by the unexpectedly failed emergency power source.// Because of this catastrophic disaster,/ many lost their lives,/ families,/ houses,/or even jobs.// As a saying goes,/ however,/every cloud has a silver lining.// A huge number of aids /flocked to the affected areas from both within and outside of Japan and still are.//

上の例文は、下記のように意味を取っていきます。

2011年は変革の年だ /日本人にとって。//世界が目撃したように、/国内観測史上最大という大地震が /三陸沖で発生し /震源のマグニチュード 9を記録。//巨大地震は /大津波が続いて発生し、/甚大な被害を引き起こした /数えきれない被災者、そして福島第一原子力発電所に。//被害を受けた発電所は /いまだ炉心融解の余波に苛まれている /予期せず緊急電源が故障したことが引き金だった。//大惨事により、/多くは命を失った /家族 /家 /仕事までも。//諺の表現にあるように、/それでも、/不幸中の幸いもあるのだ＊。//大変な数の支援が /被災地に向けて国内外から殺到し、そして今でもまだ継続している。//

＊……英語では、「不幸中の幸い」のことを“Every cloud has a silver lining.”（どの雲の裏にも[太陽の光を受けて] 銀の輝きがあるのだ）といいます。

は、まずサイトラで頭から訳すクセをつけましょう。慣れてくると、英文を英語の語順で読めるようになっていくはずです。

「文章の論理的な展開」を意識する

もう一つは、「英文は一定のルールに従って論理展開されているものだ」と知っておくことです。「重要なことは必ず冒頭に書かれている」「重要な情報は表現を変えながら繰り返し登場する」「結論が出てくる前には"In conclusion" "After all" "What I want to say is～" "In summary"など『ここから結論を書きますよ』というシグナルがある」といったことを知っているだけで、読解力はぐんとアップします。「重要なポイントさえ押さえられればよい」という場合は、全文を読まなくても「この文が何をいいたいか、冒頭に注目しよう」「結論は何をいっているのかな」とチェックするだけですむことすらあります。仕事で情報収集する場合はもちろん、様々なテストの際にも、ポイントを読むだけで十分ということは少なくないのです。

英語がどのようなルールで書かれているかを知るには、エッセイ・ライティングを学ぶのが効果的です。エッセイ・ライティングとは、「最初に結論を書き、次に理由を述べ、具体例を3つ挙げ、『だから私はこう思う』と再度結論に導く」といった〝英語の方程式〟に従って英文を書くもの。アメリカの学生は、必ずエッセイ・ライティングを学びます。リーディング力をアップするには、一度、『決定版　英語エッセイ・ライティング』（門田修平監修・著、氏木道人、伊藤佳世子著、コスモピア）などのエッセイ・ライティングの参考書に目を通しておいてもいいかもしれません。

少なくとも、リーディングに当たっては「結局、この文章は何がいいたかったのか」を考え、キーとなるセンテンスをピックアップすることを意識しましょう。一言一句すべてを理解できなくても、まずは「英語的な論理展開に従って結論が拾えること」を重視してください。

29
Rules

リーディング力を磨くには「大量の読み流し」を！

出合った単語をすべて覚える必要はない

リーディングのコツを押さえたところで、具体的なトレーニング方法を見ていきましょう。

私は、リーディングもリスニングと同様に大量の英文に触れることを重視し、次々と読み流しをしていくことを勧めています。だいたい知っている単語が7～8割程度の英文を選び、まずは辞書を使わずに読んでみます。わからない部分は文脈から意味を想像し、知らない単語は語源から意味を推測してみることも大切。ここで知らない単語をマーカーでチェックしておくと、復習しやすくなります。

一通り読み終えたら、知らない単語を辞書で調べながらもう一度読み直し、想像や推測が合っていたかを確認してください。

リーディングのトレーニングをしていると、おそらく多くの方が単語でつまずくのではないかと思います。単語は「さしすせそ」の「さ」ですから、絶対的に単語力が不足していればリーディングはおぼつかないでしょう。前後の文脈から想像するといっても、ある程度の単語のストックがなければお手上げですから、リーディングには単語力アップが不可欠です。

しかし、単語でつまずく理由は単語力不足ばかりが原因というわけでもありません。英語には「重要なことは繰り返し書く」という特徴があり、一方で「同じ単語を繰り返すのはスマートではない」という価値観があります。このため、ネイティブも類語辞典を使いながら様々ないい換えを試みて英文を書くことになります。一つの文章の中には、あまり一般的とはいえない単語も含めて似たような意味の言葉が次々と登場することが少なくないのです。

リーディングで出合った単語は、誰しも「できれば身につけておきたい」と思うものでしょう。すると、やる気がある人ほど「こんな単語まで知らなくてはならないのか」と途方にくれ、学習意欲を低下させてしまいがちです。

みなさんは、この落とし穴にはまらないようにすることが大切。わからない単語を調べた時は、「せっかく調べたのだから全部覚えよう」などと考えず、「これは使えそうだな」「何となく好きだな」と思うものだけ身につければいいと気軽に考えましょう。効率よく単語力をアップしたいなら、マイナーな単語や「使わなそうだな」と感じる単語を無理に拾うより、「使えそうだ」「かっこいいから使ってみたい」と思った単語に注目し、同義語、対義語を調べ、グルーピングして覚えていったほうがよほど効果的です。もし重要な単語なら、大量の読み流しをしているうちにきっとまたどこかで出合いますから、どうぞ安心してください。

30
Rules

最初は自分が詳しいジャンルを選ぶ

大量の読み流しにはどんな教材が向く？

読み流しに使う教材の選び方は、リスニング教材選びと同様の考え方に基づいて行います。つまり、「自分の興味関心があり、英語学習の目的に合った英文」を選ぶということ。

最初は、できるだけ前提知識が豊富なジャンルの文章から読み始めるのがお勧めです。たとえば野球好きな人なら、野球に関するニュースを英語で読めば何が書かれているか予測しやすいでしょう。「あぁ、日本語のあの用語は英語ではこんなふうにいうんだな」など興味を持って読み進められるので、学習効果もぐっと高まります。

やる気が持続するよう、リーディングのトレーニングを始めてからしばらくは「ネットのスポーツニュースで野球に関する記事だけ読む」「海外の女性ファッション誌だけ読む」「海外メディアで日本に関するニュースだけ読む」などというように、対象を限定しておいたほうがいいかもしれません。〝大海原に出る前に、まずは25メートルプールで練習する〟というイメージです。

また、読み流しは必ずしも腰を据えてやる必要はありません。電車を待っている間などにさっと取り出して読めるものを用意し、細切れの時間も上手に使うことを心がけるのも、継続のポイントです。

実際に読むものを選ぶ際、手っ取り早いのはウェブ上にあるコンテンツから探すことです。インターネットを活用すれば教材となる英文はいくらでも手に入るのですから、これを使わない手はないでしょう。ファッションに関する記事を読みたいならGoogleなどの検索サイトで"fashion"と入力して検索をかけ、読んでみたいと感じるウェブサイトを探せばOKです。気に入ったサイトがあったら定期的にチェックする、メールマガジンがあったら購読するなどして、いつでも大量に読み流しができる環境を整えましょう。

時事英語で読み流しをしたいという方も、BBCやNewsweekなど海外メディアのニュースサイトが活用できます。iPhoneなどのスマートフォン向けにアプリケーションを公開しているところも多く、いつでもどこでも読めるのが魅力。私自身はBBCのiPhoneアプリを愛用しています。「BBCやNewsweekではちょっと難しい」という方は、平易な英語でニュースを配信しているVOA（The Voice of America）をチェックしてみてください。

目的が明確な場合は、その目的に合ったものを選ぶ

ビジネスで英語を使いたいという方で、たとえば「特許に関する英文を読みこなす」といったように目的が明確な場合は、その目的に合った文書を使ってトレーニングしましょう。会社に教材となる英文があれば、最優先でそれを使うのが望ましいと思います。もちろんウェブで"patent"などと入力して検索してみたり、特許に関する英語の本を探したりしてもOKです。

英語を勉強しようとする時、受験英語やTOEICなどの試験対策英語に目が向いてしまう方が少なくないのですが、「使いたいシーンで使えるようになる」ことに注力したほ

うがスピーディーに望んだ成果を出せます。当たり前のことですが、「特許の世界」と「ＩＴの世界」と「医学の世界」では頻出する語彙や表現が異なりますから、「あれもこれも」とやっていると、いつまでたっても「どのジャンルの文章もまともに読めない」ということになりかねないので注意が必要です。

リーディングのトレーニングを成功させるコツは、「目的に合った英文がどこにあるかを見つけ出すこと」といってもいいでしょう。自分の身の周りによく目を配ってみてください。自社や競合他社の海外向けサイト、英語のＩＲ（投資家向け広報）資料、海外出張先の会社の社内報など、すぐに使える表現が盛りだくさんの〝教材〟が、身近なところに転がっていることも少なくありません。

31
Rules

ライティングでは「日本語から英語に訳す」という発想を捨てる

英語の表現をたくさん覚えることも重要

次に、ライティングのトレーニング法を見ておきましょう。

英文の書き方を勉強する場合、日本では「和文英訳」を行うのが一般的です。「英作文」といえば、みなさんも日本語を英文に訳すことをイメージするのではないでしょうか。

しかし、日本語から英語を考えると「伝えたいこと」が伝わらない英文を書いてしまいがちです。たとえば「私はコンプレックスのかたまりです」という場合、日本語を直訳すると"I have many complexes."などと書きたくなりそうですが、この場合は"I'm insecure about many things."としたいところです。おそらく、日本語からの発想ではinsecure（不安な）という単語が出てこないのではないかと思います。

もう一つ例を挙げましょう。日本では、お店にお客様が来たら「いらっしゃいませ」といいますが、英語では"May I help you?"と声をかけます。同じシーンでも文化によって発想やそれに基づく表現は異なるわけです。この場合、「お客様を迎えるシーンでは"May I help you?"という」ということを知らなければ、適切な英文は絶対に出てこないでしょう。

ライティング力を鍛えるには、「日本語から英語に訳す」という発想を捨てなくてはなりません。必要なのは英語の表現をたくさん覚えることと、それを使って自分が伝えたいことを直接英語で書く練習を積むことなのです。もしも「ビジネスシーンで英文のメールを書きたい」など具体的な目標があるのであれば、ビジネスメールの例文をどんどん暗記するのが最も効果的。英文メールの文例はインターネットで検索すればたくさん出てきますから、やる気さえ出せば、お金をかけずに勉強することも十分に可能です。

ライティングは読み手に意図が伝わってこそ意味があるものですから、コミュニケーション力と同様、一人だけでトレーニングするのは難しいと思います。ライティング力を鍛えたい人は、英会話の先生やネイティブの友人など、書いたものを見てくれる人を確保しましょう。

チェックをお願いする際は、"Please check this sentence.(この文をチェックしてください)"というか、または"Does this make sense to you?(これで意味が通じますか?)"と尋ねればＯＫです。

英語の文章の〝作法〟を覚える

もう一つ頭に入れておかなければならないのは、英語の文章を書く際、一つ一つの文が正しくても、文章全体として「英語圏の人に意図が伝わらないもの」になる可能性があるということです。

リーディングのコツを説明する際に少し触れましたが、英語の文章は論理展開のパターンが決まっています。「まず何をいいたいかを述べ、理由を説明し、具体例を挙げ、結論をまとめる」というのが基本スタイルで、どんな議論もこのパターンで展開していくのが一種の〝作法〟なのです。これは多種多様な人種で構成されるアメリカ社会において、誤解がなく、かつスピーディーにいいたいことを伝えるために共有されているルール。アメリカでは学生が必ず「エッセイ・ライティング」を学び、このパターンを身につけることになっています。

一方、日本語の文章の場合、最初に結論を書かないことが少なくありません。正しく英語に置き換えたところで、英語で求められる論理展開のパターンを無視した状態ではネイティブに「結局この文章は何がいいたかったのかわからない」と思われてしまいかねないのです。

ライティングのトレーニングをする際は、英語の表現を仕入れるだけでなく、英語らしい文章の展開のしかたも学ぶ必要があります。単語、文法、発音、リスニング、会話表現などがある程度のレベルに達して「そろそろライティングにも挑戦しよう」と思い立ったら、142ページでもご紹介した『決定版　英語エッセイ・ライティング』のような参考書をチェックしてみることをお勧めします。

32
Rules

「繰り返し書くだけの勉強」と「難しい文法用語」は要らない！

英語学習で無駄なことをしていませんか？

最後に、英語学習プログラムに「組み込まなくていいこと」を2つ挙げておきたいと思います。

一つは、単語を覚える際などに行う「繰り返し書くだけの勉強」です。スペルを覚えるために何度も単語を書くのは、学習方法として非効率といわざるをえません。同じ時間を使うなら、自分の口で単語を読み、耳で聞き、実際に使ってみるほうがずっと高い効果が期待できます。

もう一つは、難しい文法用語。受験生時代、「関係代名詞」「仮定法」「主格補語」「不定詞句」「独立分詞構文」といった言葉を見て、文法への苦手意識を高めてしまったという方も多いでしょう。

私自身は、英会話学校講師をしていた時代に受験英語の指導をする必要があったため、こうした文法用語は一通り覚えました。その経験もふまえて、あえてここで「難しい文法用語を使った勉強は意味がない」と言い切りたいと思います。文法の勉強は必要ですが、先に見たようにパターンで身につけていけば十分。何より、実際に英語を運用する場では、頭の中で文法用語を持ち出している暇がないからです。

＊　＊　＊

本章では、英語を身につけたいと考えているすべての人にとって学習プログラム作成のベースとなる英語学習法をご紹介してきました。続く第４章では、ＴＯＥＩＣ対策について取り上げます。

第4章

TOEICで手っ取り早く高得点を取る手法はこれだ！

Rules 33～37

近年、ビジネスのグローバル化の進展に伴って、ＴＯＥＩＣ対策の需要が高まっています。

日本でＴＯＥＩＣテストを運営する財団法人国際ビジネスコミュニケーション協会が２０１１年に行った調査では、３７００社超の国内上場企業のうち、業務で英語を使用する企業が84・５％にのぼっています。これらの企業のうち、入社希望者が提出するＴＯＥＩＣスコアを参考にしている企業は77・７％。配属や配転の参考にＴＯＥＩＣスコアを用いている企業は68％もあるそうです

新聞などの報道を見ていても、ＴＯＥＩＣの国内受験者数は２０１１年度は１８０万人超にのぼる勢い。「武田薬品工業がＴＯＥＩＣ７３０点以上を新卒採用の応募条件に」「ＮＴＴコミュニケーションズが入社１、２年目の社員を海外派遣、対象はＴＯＥＩＣ７３０点以上」「ゼブラが若手・中堅総合職にＴＯＥＩＣ受験を義務づけ」「三井住

友銀行が総合職全員にＴＯＥＩＣ８００点以上を目標とするよう提示」など、企業がＴＯＥＩＣ受験を義務づけたり、入社や昇格などの条件として一定のスコア取得を課したりするケースは年々増加しています。

読者のみなさんの中にも、「とにかくＴＯＥＩＣのスコアを上げたい」と考えている方はたくさんいらっしゃるでしょう。私はＴＯＥＩＣの専門家ではありませんが、短期間でスコアをアップしてキャリア形成につなげた体験は、みなさんの参考にしていただけるところもあるのではないかと思います。

そこで本章では、私自身の最新のＴＯＥＩＣ受験体験談もふまえ、ＴＯＥＩＣならではの対策のポイントを見ていくことにします。今後ＴＯＥＩＣを受ける予定がなく関心もないという方は、この章は読み飛ばしていただいてもかまいません。

33
Rules

ＴＯＥＩＣの内容を具体的に把握する

試験と同じ環境で問題を解いてみる

ＴＯＥＩＣを受けたことがない方は、まず具体的にどんなテストなのかを知るところから始めましょう。

ＴＯＥＩＣは、身近なシーンやビジネスの場面などでの英語コミュニケーション能力を測ることを目的としたテストで、年8回開催されています。内容は世界共通で、問題は「リスニングセクション」と「リーディングセクション」で構成されており、リスニングセクションは45分間で１００問、リーディングセクションは75分間で１００問です。テストの内容は問題文などもすべて英語で、解答はマークシート方式。セクションごとに5～495点、トータル10～９９０点の5点刻みのスコアで結果が出ます。

ここで、TOEICでどんな問題が出題されるのか、図8（162〜165ページ）の模擬問題を見ながらチェックしていきましょう。

パート1は写真描写問題。「写真を見て、その写真を的確に描写しているものを選ぶ」というもので、実際は全部で10問あります。

パート2は応答問題。「質問または文章を聞き、その質問または文章に対して最もふさわしい答えを選ぶ」というもので、全部で30問出題されます。

パート3は会話問題。「会話を聞き、質問に対して最もふさわしいものを選ぶ」もので、10種類の会話を聞いて各3つずつ質問に答えます。全部で30問です。

パート4は、説明文問題。「アナウンスやナレーションのようなミニトークを聞き、質問に対して最もふさわしいものを選ぶ」もの。これも10種類のトークを聞き、各3問ずつ、計30問に答えます。

次は、リーディングセクション。パート5は短文穴埋め問題で、「文章を完成させるために、最もふさわしいもの」を選択します。これが、全部で40問。

Woman: Hi, stranger. I haven't seen you for a while. Where have you been hiding?
Man: I've been traveling all around the world. My new job at an international organization puts me on the road constantly.
Woman: Sounds great. But how do you keep in good shape? Constant traveling must be a strain on your body.
Man: Well, I just have to watch what I eat and rest up whenever I can. Being able to sleep like a log on flights is another nice skill to have as a globe-trotter.

What does the man do?
(A) He works for a global institution.
(B) He works for a travel agency.
(C) He is a personal trainer.
(D) He works on an airplane.

【パート4】

◎アナウンスやナレーションなどの短いトークを聞き、問題用紙に記載された質問の答えとして正しいものを選ぶ

※実際のテストでは、用紙に印刷されているのは設問と解答の選択肢のみです

Ladies and gentleman, I would like to extend my heartfelt appreciation to all of you for coming all the way to attend our company's 10th anniversary party. Exactly 10 years ago, I decided to start Catalyst with my closest friends. I am very happy to say that the company has now grown to over 700 clients, many of which are world renowned companies, and over 3,800 workers both full time and part time. Without your support, we couldn't have come this far. Therefore, today I would like all of you here who support us to enjoy yourselves to the fullest. We have with us some amazing performers; a breathtaking magician and a surprise band! Please also enjoy the tantalizing dishes prepared by our very creative caterers. I would like to close my opening remarks by wishing all of you and our company a great future.

1. Who is speaking?
(A) The moderator
(B) The entrepreneur
(C) The caterer
(D) An employee

図8　TOEIC模擬問題

■リスニングセクション

【パート1】

◎写真を見て、下記１～４の英文が音読されるのを聞き、正しいものを選ぶ

※実際のテストでは、下記のスクリプトは用紙に印刷されていません

（A）The woman is singing in a booth at a conference.
（B）Many seats are filled with many people.
（C）A man is rehearing on the stage for a conference.
（D）Two interpreters are working in a booth at a conference.

【パート2】

◎「Q」の質問文を聞き、続いて下記１～４の英文が音読されるのを聞いて正しいものを選ぶ

※実際のテストでは、下記のスクリプトは用紙に印刷されていません

Q：How long have you been studying English?
（A）It was only yesterday.
（B）Only at school.
（C）4 years since high school.

【パート3】

◎会話文の音読を聞き、問題用紙に記載された質問の答えとして正しいものを選ぶ

※実際のテストでは、用紙に印刷されているのは設問と解答の選択肢のみです

received an official letter of offer from another company.
Therefore, _____ you provide me with your official offer within a week in writing, I will be forced to take the other job.
(A) until
(B) unless
(C) although
(D) though
I would appreciate if you could kindly let me know your plans as soon as possible.
Sincerely yours,
Jane Tomioka

【パート7】
◎文章を読み、内容に関する質問に対してもっともふさわしいものを選ぶ
Name: Tony Jenkins
Title: Resignation letter

Dear Ms. Kazutake,
I would like to inform you that I am retiring from my position with TW Lab Research, effective August 1, 2011.
Thank you for the opportunities for professional and personal development that you have provided me over the years. I have enjoyed working for the research institute and appreciate the support provided to me during my tenure with the company.
While I look forward to enjoying my retirement, I will miss working for the company. If I can be of any assistance during this transition, please let me know.
Sincerely,
Tony Jenkins

What is the purpose of this letter?
(A) To apply for a position in a company
(B) To reject an offer from a company
(C) To enjoy retirement and miss the position
(D) To notify someone of his resignation

※模擬問題の解答と訳文、解く際のポイントは、章末の【図13】に掲載しています。

図8 TOEIC模擬問題

2. Who is NOT at this party?
(A) The employees
(B) The clients
(C) The co-founders
(D) The competitors

3. What will happen after this speech?
(A) Some music will be played.
(B) A company will be started.
(C) The president will cook delicious dishes.
(D) They will have a surprise party.

■リーディングセクション

【パート5】
◎文章を完成させるために、空欄に入れるのに最もふさわしいものを選ぶ
Although analysts forecast that the Japanese economy _______ due to disaster-driven demand, consumers are cautious about spending their money.

(A) has grown
(B) be grown
(C) will have grown
(D) will grow

【パート6】
◎文章を完成させるために、空欄に入れるのに最もふさわしいものを選ぶ
Dear Mr. Johnson
Thank you very much for taking time out of your busy schedule to interview me on March 10th, 2011.
Your thorough explanation on your expectations of the job has helped me ________ what it would be
(A) to understand
(B) understanding
(C) understand
(D) understood
like to work for you.
The reason why I am writing to you is to let you know that I have

パート6は長文穴埋め問題で、これも文章を完成させるために最もふさわしいものを選ぶというものです。文章の数は4つで、それぞれ3カ所の穴埋めがあり、全部で12問に解答します。

パート7は読解問題。「Eメールやファックス、手紙、会議資料、広告など様々な文章を読み、質問に対して最もふさわしいものを選ぶ」もので、問題数は48問です。

TOEICを一度も受けたことがないという人は、何はともあれ、一度TOEICやTOEICの模試を受けてみるのがお勧めです。いきなり2時間ものテストを受けるのは不安だという方は、「TOEIC Bridge」からチャレンジしてもいいかもしれません。TOEIC Bridgeは、TOEICと同じ団体がより基礎的な英語コミュニケーション能力を評価することを目的に主催しているテスト。TOEICより問題が易しく、テスト時間も短いのが特徴です。

時間やお金に余裕がないという方は、自宅でTOEICの模擬問題集を解いてみてもいいでしょう。ただしその際は、できるだけ試験と同じ環境をつくることが大切です。2時間の試験時間中に中断することがないよう、携帯電話の電源を切り、部屋を閉め切っておきます。リスニングの問題は、ヘッドフォンではなくスピーカーを通して聞きましょう。ヘッドフォンを使うと音声が聞き取りやすいのでハードルが下がりますが、実際の会場ではスピーカーで聞かなくてはならないからです。

34
Rules

TOEICはテクニックでスコアアップできる！

最低限のテクニックは身につけよう

さて、TOEICテストがどんなものかをざっと確認したところで、攻略法を考えていきましょう。

最初に知っておきたいのは、「TOEICで高得点を取るにはテクニックが必要」ということ。これは逆にいえば、「テクニックを身につけることでスコアを伸ばすことが可能だ」ということです。特にリーディングについては、「問題の数が多く、読まなくてはならない英文がたくさんあるので、時間内に解き終わらない」という声をよく聞きます。しかし、テクニックがあれば、そもそも問題文を全部読む必要などないのです。

リーディングのテクニックは、大きくわけて2つあります。一つは「文章を読まずに単語力やパターン学習で身につけた文法力のみで解く」方法。もう一つは、「文章から必要な情報のみをピックアップして解く」方法です。

ここで、先ほど見た模擬問題でそれぞれのテクニックがどんなものかを見てみましょう。まずは「文章を読まずに単語力やパターン学習で身につけた文法力のみで解く」ケースです（図9）。

パート5の問題は、

図9　文章を全部読まなくても、正解がわかる！

【パート5】

Although analysts forecast that the Japanese economy ______ due to the disaster-driven demand, consumers are cautious about spending their money.

(A) has grown
(B) be grown
(C) will have grown
(D) will grow

➡ forecast は「未来を予測する」の意。この単語だけで正解は（D）と判断できます。

【パート6】

Dear Mr. Jonson
Thank you very much for taking time out of your busy schedule to interview me on March 10th, 2011.
Your through explanation on your expectations of the job helped me ______ what it would be
(A) to understand
(B) understanding
(C) understand
(D) understood
like to work for you.

➡文法のパターン「help ＋人＋原形」を知っているかどうかを問う問題。
　　　　の部分を見るだけで正解が（C）だとわかります。

forecastという単語を知っているかどうかが勝負。「(未来を) 予測する」という意味ですから、空欄に入れるのは (D) will growが正解です。この選択肢を選ぶのに、空欄の後ろの部分は読む必要がありません。

パート6の問題は、文法のパターンさえ知っていれば、空欄の前の2つの単語を見るだけで正解がわかります。helpは後ろに人がきたら「help＋人＋do」と動詞の原形が入るので、答えは (C) understandと判断できるのです。

必要な情報だけわかればいい

次に、「文章から必要な情報のみをピックアップして解く」方法。これについては、具体例を見る前に少し背景をご説明しておきたいと思います。

TOEICは「英語のコミュニケーション能力を測ることを目的とする」と謳《うた》っている試験ですが、これはいい換えれば「現場で使える運用能力をチェックすること」が狙いだ、ということです。

先ほど見たように、リーディングセクションでは、ビジネスシーンで受け取るEメールやファックス、日常生活で目にする広告などが問題文に使われています。

ここでちょっと考えてみていただきたいのですが、みなさんは仕事で日本語のメールを受け取った時、必ず全部読んでいるでしょうか？　メールの件名が「会議日程の件」となっていれば、「いつもお世話になっております」「お疲れ様です、今日も暑さが厳しいですね」などといった挨拶文は読み飛ばし、とりあえず日時と場所だけをチェックするでしょう。忙しい時はなおさら、こうした「必要な情報の拾い読み」をしているはずです。「与えられた文章の中から、限られた時間のうちに必要な情報をピックアップする力」がなくては、仕事はスムーズに進みません。

これは、英文であっても同じこと。仕事や日常生活で触れる文章をいちいち全部精読しているようでは、「現場で使える運用能力」があるとはいえません。私は、TOEICで問われているのは精読できる力ではなく、「現場で使える運用力＝限られた時間内に必要な情報を正しくピックアップできる読解力」だと思っています。

このように考えると、「文章から必要な情報のみをピックアップして解く」方法は、テクニックというより「真っ当なTOEICの解き方」といってもいいかもしれません。

前置きが長くなりましたが、具体例を見てみましょう（図10）。

パート7の問題は、英文レターが問題文になっています。設問は"What is the purpose of this letter?（このレターの目的は何ですか？）"ですから、「何のために送られてきた手紙なのか」が正しくピックアップできればいいわけです。先に選択肢をチェックしておくと、「仕事に応募するため」「オファーを断るた

図10　ポイントだけ読めば、正解がわかる！

【パート7】

Name: Jenkins
Title: Resignation letter

Dear Ms. Kazutake,
I would like to **inform you** that I am retiring from my position with TW Lab Research, effective August 1, 2011.
Thank you for the opportunities for professional and personal development that you have provided me over the years. I have enjoyed working for the research institute and appreciate the support provided me during my tenure with the company.
While I look forward to enjoying my retirement, I will miss working for the company. If I can be of any assistance during this transition, please let me know.
Sincerely,
Tony Jenkins

What is the purpose of this letter?
（A）To apply for a position in a company
（B）To reject an offer from a company
（C）To enjoy the retirement and miss the position
（D）**To notify** someone of his **resignation**

め」「退職を楽しみ、仕事から離れることを寂しく思うため」「退職を通知するため」となっています。

ここまで押さえておいて、問題文を見てみましょう。レターのタイトルは"Resignation letter"で、冒頭に"I would like to inform you that I am retiring from my position with ～"とありますから、ここを見るだけで答えは（D）To notify someone of his resignation とわかります。「inform と notify」といういい換えが行われているので同義語を見抜く単語力は必要ですが、そこさえクリアできていれば難易度は高くないでしょう。

35
Rules

TOEIC攻略のポイントを押さえる

単語力だけでも700点は取れる

以上のようなTOEICの特徴を踏まえて、攻略のポイントを整理していきましょう。

(1) まずは単語力を伸ばすことに力を入れる

TOEICはリスニングセクションもリーディングセクションも、単語を知っているかどうかだけを問う問題が少なくありません。リスニングは「知らない単語が出てきた」というだけでパニックになってしまいがちですし、リーディングでは知らない単語の数が多いと「要点を推測することもままならない」ということになりかねません。単語力を強化するだけでも700〜800点を目指せますから、まずはTOEIC頻出単語を覚えることに注力しましょう。

(2) リスニングは耳を鍛え、解き方のコツを押さえておく

リスニングセクションは、問題そのものは非常に簡単。しかし、英語が聞き取れなければ当然、「まったくわからない」ということになってしまいます。スコアアップを狙うなら、耳を鍛えるのが先決です。まずは第3章でご紹介したように、ナチュラルスピードの英語を大量に聞き流す習慣をつけましょう。ナチュラルスピードに慣れれば、TOEICのリスニングは非常に遅く感じるようになるはずです。

もう一つは、リスニング問題の解き方のコツを知っておくこと。たとえばパート1は、英文が読まれる前に写真をよく見て物理的な状況をチェックし、できれば頭の中で英語のキーワードを考えておきます（次ページの図11）。パート2なら、疑問文の場合は何を聞かれているのか、「5W1H」をしっかり聞き取るのがカギ。パート3、パート4は、できるだけ設問を先に読んで「聞き取るべきポイント」を押さえておくとスムーズです。

(3) 文法はパターン学習。問題集を解き、解説を読んでパターンを身につける

パート6の模擬問題のように、TOEICには文法を知っていれば前後の単語を見るだ

図11　リスニングセクションパート1の準備

まず写真を見て物理的な状況を確認。下の写真の例では、「誰がどこで何をしているか」「人の数（ブースの中、舞台の上、会場)」「写真に写っているものは何があるか（ノートパソコン、卓上ライト、女性が手をかけているマイク、女性が付けているヘッドフォンなど）をチェックします。出てきそうな単語やフレーズを頭の中で考えておければ◎。

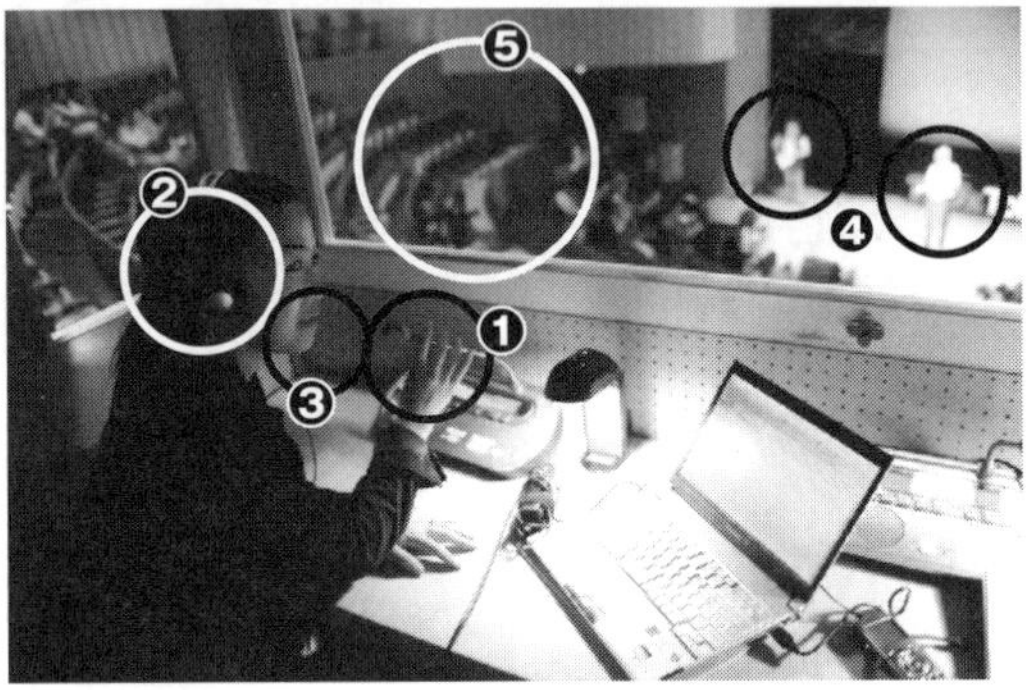

【イメージする単語やフレーズの例】

A woman in a booth, ❶holding a microphone and ❷wearing a headphone but ❸not talking. ❹A couple people are standing on the stage. ❺Not many people are in the hall.

問題は次のように解きます。

（A）The woman is singing in a booth at a conference.（×歌っていない）

➡ sing が聞こえたところで×をつけます。

（B）Many seats are filled with many people.（×席は埋まっていない）

➡「たくさんの席がたくさんの人で埋まっている」。filled で×がつき、さらに many people にも×。

（C）A man is rehearing on the stage for a conference.（○）

➡「ステージ上の男性が会議のリハーサルをしている」。リハーサルしているシーンかどうかはわかりにくいが、×とはいえないので確信を持てなくてもいったん○にしておく。

（D）Two interpreters are working in a booth at a conference.
（×2人ではない）

➡「2人の通訳が」と聞こえた時点で、（C）が確実に正解だと判断。次の問題の写真を見ながら、続く文を聞いて確認しておく。

けで解ける問題が少なくありません。第3章でご紹介したパターン学習で、文法力を身につけましょう。これは専用の参考書を買うよりも、TOEICの問題集を解いて解説を読み、一つ一つものにしていくことでパターンを身につけていくほうが効率がいいと思います。

(4)リーディングは「全部読まず、要点をピックアップして解く」力をつける

リーディングセクションでは先に設問を見て、「聞かれていること＝文章から何をピックアップすべきか」を押さえ、それを探して読むようにしましょう。

効率よく情報を探せるようになるには、TOEICに出てくるEメールや英文レター、ファックス、広告などが通常どのようなパターンで書かれているかを知っておかなくてはなりません。日本語のメールを読む時は、「冒頭は挨拶だから読まなくていい」「件名が『納期のお知らせ』なら、本文から『納期』という言葉を探してそこだけチェックすればいい」などと判断できるはず。これは、私たちが日本語のメールがどのように展開されるか、パターンをよく知っているからです。英文のパターンに慣れるには、TOEICに出てくるような文章をたくさん読み流し、「何をいっている文章なのか」ポイントを拾うト

レーニングを積むのが効果的です。

TOEICで高得点＝英語ができるわけではない

TOEICは、攻略ポイントを押さえて勉強すれば、短期間で一気にスコアを上げることも十分に可能です。リスニングはナチュラルスピードと比べればかなりゆっくりですから、耳をそこそこ鍛えればすぐ効果が出ますし、リーディングは意味がわからないところがあっても要点さえ外さなければ高得点を取ることができます。表現力やライティング力は、TOEICでは問われません。

私は、TOEICがこうした特徴のあるテストだからこそ、早期にハイスコアを出せるよう戦略的に取り組んでほしいと思っています。

私自身の経験をもとに誤解を恐れずにいえば、TOEICで高得点を取れることと英語の運用力が高いことは必ずしもイコールではありません。私はTOEICで950点を取ったあと、通訳者としてスタートラインに立つために、さらに通訳学校で1年半も勉強しなくてはなりませんでしたし、通訳者になった後も、英語の運用力が足りずにずいぶん苦労しました。逆に、英語の運用力が高い帰国子女であっても、ビジネス文書を読み慣れていなかったりTOEICでよく出る単語を知らなかったりして、リーディングセクションでは点数が伸びないという人も少なくありません。

こうした実情を踏まえれば、英語の運用力アップとTOEICのスコアアップは、いったん切り離して考えたほうがいいでしょう。「英語が使えるようになればTOEICも自然に点数が伸びるだろう」などと考えて勉強していると、いつまでたっても「全文を時間内に読み切れない」といった理由でスコアが伸び悩んでしまいがちです。まずは勉強の目的をはっきりと「TOEICのスコアアップ」に置き、テクニカルな攻略法を念頭に置いた学習プランをつくることをお勧めします。

「運用力とは切り離して考えよう」などといわれると、「TOEICは伸ばしたいけれど、英語を使えるようにもなりたいのに……」と思う方もいるかもしれません。しかしここは、TOEICが「英語の仕事」や「海外と関わる仕事」といった「英語の運用力を伸ばせる環境」を手に入れるためのパスポートなのだと考えましょう。

私は、TOEICのスコアを伸ばすことで英語の仕事に就くチャンスを得ました。英会話学校の講師になれたのはTOEICで800点を超えていたからですし、初めて通訳として外資系企業に採用されたのも、TOEICで950点を超えて「TOEIC受験者の上位1%」に入っていることが評価されたからです。みなさんもぜひTOEIC攻略のテクニックを身につけ、英語の世界へのパスポートを手に入れてください。

36
Rules

自分の弱みと強みを分析し、スコアアップのための戦略を立てる

さて、ここからはもう少し具体的にTOEICの勉強の始め方をみていきましょう。

TOEICやTOEICの模擬試験を受けたら、まず結果を見ながら自分の「弱み」と「強み」を考えてください。特にリスニングとリーディングがそれぞれどれくらいのスコアを取れているかに注目します。あなたは、リスニングが得意な「耳で取る派」でしょうか。それとも、リーディングが得点源の「目で取る派」ですか？

強みを活かして伸ばす

弱みと強みがわかったら、それに沿って戦略を立てましょう。「文法が苦手だな」という場合、真っ先に文法を攻略しようとする人が多いのですが、そこは冷静に考えたいところ。「弱みをつぶして伸ばす」ほかに「強みを活かして伸ばす」というアプローチも考えられます。「リスニングが得意だけれど、まだ取りこぼしがあるな」という場合、まずは

強みであるリスニングを強化することを優先してもいいわけです。
弱みというのは往々にして苦手意識を伴うものですから、そこにこだわると勉強がつらくなってしまうかもしれません。「弱みをつぶす勉強」を行う場合、ときどき「強みを伸ばす勉強」も間に挟むなど、モチベーションをコントロールする工夫が必要でしょう。

次に、目標とするスコアを決めます。「3年後に900点」などというように、いつまでに達成したいかも明確にしましょう。
今の実力と目標がかけ離れている場合は、「半年後に650点、1年後に750点、2年後に850点、3年後に900点」などと目標設定を小刻みにします。先に行った「強みと弱みの分析と戦略」をもとに、「リスニングセクションで何点、リーディングセクションで何点」というように内訳も決めてください。

スコアの目標と戦略の方向性が決まったら、それに合った教材を準備します。参考書を買う際には、書店に足を運んで選ぶのがポイント。実際に手に取り、ぱらぱらと中を見て「レイアウトが自分の好みに合うか」「解説文がわかりやすいか」「モチベーションと難易度が合致しているか」などを確認しましょう。

レイアウトは、文字の見やすさやスペースの空き方などに違和感を覚えると何となく開きたくなくなってしまうことがありますから、「やる気が出る見た目」かどうかを重視してください。難易度は、やる気がある時は難しめのものを、やる気があまり出ていない時は易しめのものを選ぶのが勉強を継続するコツです。

単語と熟語は、TOEICに出る頻度が高いものを集めた「TOEIC向け」を謳う単語集や熟語集を活用しましょう。たとえば『TOEICテスト初挑戦のための英単語と英熟語――出題頻度順英単語1127と英熟語322』(甲斐幸治著、こう書房)は、470~730点を目指す人に向けた参考書。『でる順！ 新TOEICテスト英単語』(菊間ひろみ著、あさ出版)は、TOEIC頻出単語を3つのレベルにわけて載せています。『TOEIC TEST英単語スピードマスター』(成重寿著、ジェイ・リサーチ出版)も、類義語や関連語がまとまっていて効率よく覚えられそうです。

第3章でご説明したように、単語集や熟語集は書店で手にとってどんな単語や熟語が載っているかを確認し、「ある程度は知っている」というものを選ぶのがお勧め。知らない単語ばかりだと、覚えるのがつらくなるからです。必ず、「やる気が出ること」を優先して選びましょう。語彙力を強化すれば、ほぼ比例してＴＯＥＩＣのスコアが上がりますから、単語と熟語の対策はしっかり行ってください。

解説がしっかりしている問題集を選び、使い倒す

文法については、ＴＯＥＩＣの総合的な対策ができる参考書や問題集を買い、実際に問題を解きながらパターンを学習しましょう。ポイントは、解説がしっかりしている本を選ぶこと。文法は、問題を解いた時に「当たったかどうか」ではなく、「正解を導いた理由を自分で説明できるかどうか」がカギとなります。その問題がどんな文法の知識を確かめるためのものだったのかまで理解できれば、同じ意図で出題される問題に応用できるようになるからです。

初学者の方は『これだけ！　ＴＯＥＩＣテスト総合対策　初めて〜６５０点』（菊間ひろみ著、あさ出版）、ハイスコアを目指す人は『新ＴＯＥＩＣテストＢＥＹＯＮＤ９９０超上級問題＋プロの極意』（ヒロ前田／ＴＥＸ加藤／ロス・タロック共著、アルク）など

をチェックしてみてください。

問題集はあれこれ手を出さず、1〜2冊を徹底的に使い倒しましょう。私がTOEICで800点から950点までスコアアップした時は、問題集を解いたら間違ったものに斜線マーク「／」をつけ、2度目に挑戦してまた間違ったら逆方向から斜線を引いて「×」マークにし、3度目に間違えたら今度は上から下に線を引いて「＊」マークにして……と、ルールを決めて印をつけながら何度も解き直していました。テスト前には、「＊」や「×」マークがついている問題を見直せば、最終チェックもばっちりです。こうして「できなかった問題」から自分の弱点を洗い出し、意識的につぶしてこそ、着実にスコアを上げることができます。

長文から要点を拾うスピードを上げるには、TOEICによく出るタイプの文をたくさん読み流しましょう。

買った参考書や問題集を活用するのはもちろんですが、お金をかけずに「大量読み流し」をするなら、インターネットでビジネス文書の文例を探すのが手っ取り早いのではないかと思います。"business" "letter" "email" "sample" などといったキーワードで検索してみましょう。細部を正確に理解しようとする必要はありませんから、常に「この文章では結局、何がいいたいのか」「その情報はどこにあるのか」を考え、ポイントをピックアップすることを心がけてください。

リスニングは、『新TOEIC TESTリスニング完全攻略 CD付』(宮野智靖/妻鳥千鶴子/Miguel E. Corti著、語研)などのCD付き教材を使って出題形式に慣れておきましょう。

ただし、繰り返しになりますが、TOEICのリスニングは決して速くありません。海外の映画やドラマなどで大量の聞き流しを行って耳を慣らせば、かなりゆっくり聞こえるようになるはず。「リスニングの強化は、まずナチュラルスピードのコンテンツの聞き流しを優先して行う」と覚えておきましょう。

目標に向けてやるべきことが明確になったら、学習プランをつくります。これは第5章で詳しくご説明しますが、ポイントは「生活パターンを振り返り、すき間時間を見つけて、やると決めたことを埋め込んでいく」こと。たとえば「通勤時間中に携帯音楽プレイヤーで聞き流しをする」「ランチを食べながらスマートフォンでネットサーフィンし、ビジネス英語のコンテンツを読み流す」といったように、「いつ、何をやるか」を具体的に決めていくのです。

ＴＯＥＩＣ対策の場合は、週末などに必ず「2時間続けて」勉強する計画を立て、実行することも重要なポイント。ＴＯＥＩＣは2時間かけてテストが行われますから、普段の勉強から訓練をしておかないと、本番で集中力を維持できません。毎週は無理でも、月に一度は2時間通して英語に集中するようにしたいところです。

37
Rules

テスト当日の心構えと受験テクニックを確認する

実力を発揮するコンディションの整え方

最後に、テスト当日の心と体の準備のしかたを押さえておきましょう。

私はこれまでにＴＯＥＩＣだけでなくたくさんの英語のテストを受けてきましたが、実力通りの結果を出すにはコンディションを万全に整えることも大切です。特に、社会人の方で「テストを受けるということそのものから離れてだいぶ時間が経っている」という場合は、丁寧に準備を進めましょう。

まず、テストの当日は早めに起きて、頭をよく働かせるために甘いものを食べておくのがお勧め。試験にできるだけ集中するため、服装は温度調節が可能なように重ね着にしておきます。受験票、本人確認書類、腕時計などの持参物を忘れないようにチェック。時間に余裕を持って行動し、試験開始の1時間前には会場付近に到着するようにしましょう。ＴＯＥＩＣ対策に使ってきた問題集を持参し、会場に入れる時間が来るまでの間、近場のカフェなどで過去に間違えた問題を最終確認します。

解答はマークシート式なので、筆記具は鉛筆を用意し、あらかじめ先端を少し丸くして塗りつぶしやすくしておくとよいと思います。ＴＯＥＩＣではＨＢの鉛筆またはシャープペンシルを指定していますが、私はマークシート記入用には３Ｂまたは４Ｂの鉛筆を使い、解答用紙に名前を書く時はシャープペンシルも併用しました。周囲に鉛筆で大きな音を立てる人がいることもありますから、リスニングセクションが終わった後は、集中力を高めるために耳栓をしてもいいかもしれません。

実際のテストが始まった後の時系列に沿った受験テクニックは、私自身が２０１１年の夏にＴＯＥＩＣを受けた際の最新情報をふまえて、次ページの図12に整理しました。時間の配分のしかた、パートごとの解答時の注意点などを参考にしていただければと思います。

図12　TOEICテスト当日の流れと受験テクニック

13:00	**テスト開始**
	●問題用紙が入っている袋にあらかじめ鉛筆を差し込んでおき、開始と同時に開封。すぐにパート1の写真を一通りチェックし、できればパート2の設問もさっと見ておく。 ●パート1の説明と例題は聞く必要がないので、その間に写真の細かいところまでチェック。各写真のポイントを英文で頭の中に思い浮かべられるとなおよい。例題が終わる少し前までに設問1の写真に戻り、さらに細かいところまでチェックしながら解答用紙にすぐ記入できるよう準備する。 ●問題用紙にも解答用紙にもメモを取ることは許されていないので、一つの選択肢ごとに正誤を即答するようにしたほうがいい。「Aが正しい」とわかったら、すぐ解答用紙に記入し、BとCは違うことを耳で確認しながら目は次の設問を追うようにする。AもBも間違っていれば、Cを聞く前から塗りつぶし、軽く聞いて解答を確認しながら、目は次の設問へ。最後の問題も同じ要領で正解を塗りつぶしたら、すぐにパート3の設問と解答を読み始める。 ●パート3をざっくり最後まで見たら、パート2のガイダンスが始まる頃までにパート2に戻る。パート2は、質問を聞きながら、いつ、どこで、何をしたのかなどのポイントを記憶。メモは取れない。選択肢が順に読み上げられるので、「これが正解だ」とわかったらその場ですぐ解答を記入。ポイントを覚える際は、日本語に訳してから記憶するか、英語で覚えるほうがやりやすいか、練習時から戦略を決めておくのがお勧め。パート2の最後の問題も解答がわかったらすぐ塗りつぶし、パート3の設問と選択肢を熟読し始める。 ●パート3は、ガイダンスの間も設問と選択肢を読む時間に充てる。ガイダンスが終わるちょっと前に最初の設問に戻り、設問と答えを2回読み直して準備。会話を聞きながら正解がわかった時点で塗りつぶす。問題を先に読んでおけば、聞きながらどんどん答えられるので、質問文を聞く必要はない。3題とも解答し終えたら、次の設問と解答を2回熟読して待機。同じように会話を聞きながら解答を終え、質問の音読の時には次の設問を熟読。最後の問題が塗りつぶせたところで、すぐにパート4に移動。 ●パート4も、ガイダンスの間に問題と設問を熟読。要領はまったくパート3と同じ。 リスニングセクションは読み上げはゆっくりだが、メモが取れず1回しか聞けないので緊張しがち。ナチュラルスピードで大量の聞き流しをしておくことと、参考書のリスニングの問題集で設問形態になれることが攻略のポイント。
13:45	**リスニングセクション終了、リーディングセクションへ**
	●リスニング終了後、そのまま、リーディング・セクションの問題に進む。 ●パート5は正しい前置詞を選ばせる問題、正しい副詞を意味から選ばせる問題、主語に応じて正しい代名詞を入れる問題、正しい品詞を選ぶ問題、自動詞か他動詞かを考えて受動態を選ばせる問題などが多い。 ●パート6は長文の穴埋めだが、全文を読まなければ解けないものはほとんどない。 ●パート7は長文読解。 リーディングセクションは、市販の問題集をしっかりこなしておくのがポイント。2冊以上をそれぞれ複数回、間違えた問題を中心に繰り返し解くのが弱点克服のコツ。文法や単語の知識だけで解けるもの、要点に注目すればすぐ正解がわかるものをスピーディーに解いていけば、見直しの時間をとれるはず。解く時に迷った問題はできるだけ見直して、確実に点を取っていく。
15:00	**テスト終了**
	問題用紙・解答用紙が回収される。問題用紙・解答用紙を持ち帰ることはできない。

最後にTOEICのスコアアップを目指す方に、本書と同時期にリリースされるiPhoneアプリ「小熊弥生のTOEIC半年で500点アップ！」（開発・販売／ariori, LLC.）をご紹介しておきたいと思います。

このアプリには〝芋づる式〟に単語を覚えるトレーニング、シャドーイングやサイトラによる英語力アップ法、TOEIC攻略法などを盛り込んでいます。4週間（各週5日間）分のプログラムをこなすことで、TOEIC対策を行いながら英語運用力もアップできるように設計していますので、iPhoneやiPod touchをお持ちの方は、よろしければ一度チェックしてみてください。

＊　＊　＊

本章では、スコアを効率よく上げるためのTOEIC対策の考え方をご紹介しました。

最後の章では、一人ひとりの目的に合った学習プランの立て方、英語学習を毎日の生活に組み込むポイントなどについて、具体的な事例を見ながらご説明していきます。

ない？
男性：そうだね、食べ物に気をつけて、休める時に休むようにしないとだめだね。世界中を飛び回るには、飛行機の中でぐっすり眠れるスキルもあったほうがいいだろうね。

What does the man do?（男性の仕事はなんですか？）

(A) He works for a global institution.（○国際機関で仕事をしている）

(B) He works for a travel agency.（×旅行代理店で仕事をしている）

(C) He is a personal trainer.（×パーソナルトレーナーです）

(D) He works on an airplane.（×飛行機の中で仕事をしている）

➡先に設問を読んで準備。男性の仕事が何なのかに注意して聞きます。My new jobと聞こえた時点で、この後に答えを示す語が出てくることを予測。internationalとorganizationが聞き取れれば、同義語であるglobalとinstitutionを含む選択肢（A）が正解だとわかります。

【パート4】

Ladies and gentleman, I would like to extend my heartfelt appreciation to all of you for coming all the way to attend our company's 10th anniversary party. Exactly 10 years ago, I decided to start Catalyst with my closest friends. I am very happy to say that the company has now grown to over 700 clients, many of which are world renowned companies, and over 3,800 workers both full time and part time. Without your support, we couldn't have come this far. Therefore, today I would like all of you here who support us to enjoy yourselves to the fullest. We have with us some amazing performers; a breathtaking magician and a surprise band! Please also enjoy the tantalizing dishes prepared by our very creative caterers. I would like to close my opening remarks by wishing all of you and our company a great future.

［訳文］
皆様、本日はわが社の設立10周年記念パーティーにわざわざご出席いただき心より感謝申し上げます。ちょうど10年前、私は親友たちとカタリストを立ち上げることを決めました。こうして700社以上もの世界の名だたる会社を顧客として抱え、従業員数は正社員・パートを含め3800名ほどに育ったことを大変うれしく思っております。皆様のご支援がなければ、ここまで来ることはできませんでした。ですから、本日は支えてくださった

図13　模擬問題の訳文、解答と解説

【パート1】

➡図11を参照

【パート2】

Q：How long have you been studying English?

➡「How long」と期間を尋ねられていることをしっかり覚えます。「どれくらいの期間、英語を勉強していますか？」と頭の中で訳してもいいでしょう。

(A) It was only yesterday.（×昨日のことです）

➡期間を聞かれているのに「昨日のこと」という回答はおかしい。問いがWhenでないと答えになりえません。

(B) Only at school.（×学校だけです）

➡「どうやって英語を勉強しましたか？」「留学したことはありますか？」といった質問でないとおかしい。ここまでがすべて「×」なので、次の選択肢が正解であることがわかります。

(C) 4 years since high school.（○高校以来４年間です）

➡期間を答えているので、(C) が正解となります。

【パート3】

Woman: Hi, stranger. I haven't seen you for a while. Where have you been hiding?

Man: I've been traveling all around the world. My new job at an international organization puts me on the road constantly.

Woman: Sounds great. But how do you keep in good shape? Constant traveling must be a strain on your body.

Man: Well, I just have to watch what I eat and rest up whenever I can. Being able to sleep like a log on flights is another nice skill to have as a globe-trotter.

[訳文]

女性：あら、珍しい人がいるわ。しばらくぶりね。どこに隠れていたの？

男性：世界を股にかけて飛び回っていたよ。国際機関での新しい仕事でいつも出張続きなんだ。

女性：素敵ね。でも、体調管理はどうしているの？　いつも出張では体もきついんじゃ

に今日はおいでいただいている」という文脈から、正解は（D）の競合他社と判断できます。3番目は、「surprise band!」が聞き取れれば「音楽を演奏するバンドが用意されている」ということがわかるので、（A）が正解となります。

【パート5】

➡図9を参照

【パート6】

Dear Mr. Johnson

Thank you very much for taking time out of your busy schedule to interview me on March 10th, 2011.

Your thorough explanation on your expectations of the job has helped me _________ what it would be

（A） to understand

（B） understanding

（C） understand

（D） understood

like to work for you.

The reason why I am writing to you is to let you know that I have received an official letter of offer from another company.

Therefore, ______ you provide me with your official offer within a week in writing, I will be forced to take the other job.

（A） until

（B） unless

（C） although

（D） though

I would appreciate if you could kindly let me know your plans as soon as possible.

Sincerely yours,

Jane Tomioka

図13　模擬問題の訳文、解答と解説

皆様に心行くまで楽しんでいただきたいと思っております。こちらには素晴らしいパフォーマーをお招きしております。息をのむマジシャン、そしてあるバンドにサプライズでお越しいただいています。またケータリング会社が準備してくれたすばらしい創作料理もご堪能ください。それでは最後に、皆様、そして我が社のすばらしい未来を祈って、開会のご挨拶にかえさせていただきます。

1. Who is speaking?（誰が話していますか？）
(A) The moderator（×司会者）
(B) The entrepreneur（○起業家）
(C) The caterer（×ケータリング会社）
(D) An employee（×従業員）

2. Who is NOT at this party?（誰がこのパーティーに参加していませんか？）
(A) The employees（×従業員）
(B) The clients（×顧客）
(C) The co-founders（×共同創設者）
(D) The competitors（○競合他社）

3. What will happen after this speech?（このスピーチの後は何が起きますか？）
(A) Some music will be played.（○音楽が演奏される）
(B) A company will be started.（×会社が起業される）
(C) The president will cook delicious dishes.（×社長が美味しい料理を作る）
(D) They will have a surprise party.（×サプライズパーティーを開く）

➡この問題も先に設問を読んでおきましょう。1番目の問題は、「話し手が誰か」に注意して聞いていると「start Catalyst」のところで（B）の起業家が正解であることがわかるでしょう。entrepreneur は会社を起業（start, found）する人であると理解できれば解ける問題です。2番目は「NOT」の問題なので、選択肢を消去法で一つずつ消していかなくてはなりません。十分に集中して聞きましょう。「友達と始めた」というところでこの会社には共同創設者がいることがわかりますし、「clients=customers」「employees=workers」ですから、「支援してくださった皆様

図13　模擬問題の訳文、解答と解説

［訳文］

ジョンソン様、
2011年3月10日、お忙しい中お時間をいただき、面接してくださいまして誠にありがとうございました。

仕事に対する期待を丁寧にご説明いただいたおかげで、ジョンソン様の下で働くイメージをつかむことができました。

この電子メールを書かせていただいている理由は、他社から正式な内定をもらったことをお伝えするためです。

そのため、1週間以内に書面で正式な内定をいただけない限り、もう1社の仕事を受理することを余儀なくされます。

できるだけ早く御社のご予定をお知らせいただければ、大変幸甚です。

どうぞ宜しくお願いいたします。

富岡ジェーン

➡1つめの空欄の埋め方は図9を参照。

➡2つめの空欄は、「1週間以内に書面で正式な内定をいただく」「もう1社の仕事を受理することを余儀なくされる」という2つの節の意味をとらえ、論理的につなげられる接続詞を考えると「しなければ」という意味の（A）が正解であるとわかります。このように、接続詞を選ぶ問題を解く場合は論理展開を確認するのがコツ。「1文目＝2文目」の時は「and」、1文目が2文目の逆である場合は「although」、1文目と2文目が異なりつつ同時進行する場合は「while」――などとなります。

【パート7】

➡図10を参照

第5章

オリジナル
英語学習プログラムで
人生を10倍楽しむ

Rules38~42

ここまで、みなさんと一緒に「英語を使えるようになりたいのはなぜなのか」を明確にすることの重要性とモチベーション維持の方法を確認し（第2章）、英語学習の基本的な方法（第3章、4章）を見てきました。第4章までをお読みくださった方は、すでに「自分の英語学習の目的」を考えることができるようになり、「効果的な学習方法」にはどんなものがあるかを理解されているはずです。

本書の冒頭で触れたように、英語学習は「自分の目的に合致した方法」「自分の性格やライフスタイルに合った方法」「より効果的な方法」で行うことが重要なポイント。本章ではいよいよ、ここまでに理解したことを総動員し、3つのポイントをしっかり押さえた「自分だけの学習プログラム」をつくる方法を見ていきましょう。

38 Rules

目的と生活パターンから学習プログラムを実際につくろう

どんな英語力を身につけたいのか

英語学習プログラムづくりは、図14（次ページ）のステップで行います。

まずは、あなた自身の「①現在の英語力の自己評価」を行ってください。単に「読むのが苦手」「会話はできない」といった言葉で終わらせず、「旅先でやりたいことや食べたいものなどを伝えることはできるけれど、外国人と会話を楽しめない」「海外支社の現地社員とは、メールでの事務的なやりとりなら何とかなるが、電話がかかってくるとお手上げ」「英文は辞書を引けばだいたい読めるが、高校レベルの単語も忘れてしまっているものが多いため、スピードが遅くて読んでいて苦痛に感じる」など、具体的に分析します。他人に「自分の現時点での英語力」を正確に説明するつもりで書き出してみましょう。

次に、その英語力について「②どこに、なぜ不満があるのか」を考えてみてください。

「仕事でたまに外国人と会う機会があった時にほとんど話せない」「旅行に行った時、怖くて一人ではどこにも行けない」「仕事で英語の資料が回ってくると、業務のスピードが明らかに落ちてしまう」「勤務先が中期経営計画でグローバル化の推進を謳っている。今の英語力では、いずれ昇格などに支障が出るかもしれない」――ここも、できるだけ具体的に考えてみてください。

続いて、「③自分が理想とする英語力とはどんなものか」を整理してみましょう。真っ先に思いつくのは、先に考えた「不満」が解消できる英語力ということ

図14　英語学習プログラムづくりのステップ

下記の項目について、順番に考えてみましょう。

英語学習の目的を明確化する

①現在の英語力の自己評価はどれくらいですか？
②自分の英語力のどこに、なぜ不満があるのでしょうか？
③自分が理想とする英語力とは、どんなものですか？
④理想とする英語力を身につけたときに、どんなメリットがありますか？
⑤英語力が現状のままだった場合、将来的にどんなデメリットがありますか？

目的&ライフスタイルに合った学習プログラムをつくる

⑥現状を打破するために必要なのはどんな英語学習でしょうか？
⑦学習の優先順位は？
⑧1日、1週間、1カ月の行動パターンを振り返りましょう。どの時間を英語学習に充てられそうですか？
⑨いつ、何を、どうやるかを決めてください
⑩今まで英語を勉強しなかった理由、行動の障害になっていることは何ですか?
⑪つくったプログラムをやりたいと思えますか？　実際に学習プログラムを実践している自分が無理なくイメージできますか？

になるでしょう。しかし、本当にそれが一番必要な英語力なのかもじっくり考えてみてください。「英語の資料を読むのが遅く、業務に支障がある」と感じていた人が、自分の本当のニーズを掘り下げてみることで、実は「読解力よりも、わからないことがあった時に外国人のスタッフに気軽に質問できる会話力」のほうが必要だと気づく場合もあります。どんな時にどんなふうに英語を使いたいのかを、具体的なシーンまで想像してみましょう。

理想的な英語力がはっきり認識できたら、「④理想とする英語力を身につけた時のメリット」「⑤英語力が現状のままだった場合のデメリット」は何かを考えてみてください。仕事の内容、ライフスタイル、交友関係、自分の気持ちの変化などをリアルに想像します。

ここまでが、英語学習の目的を明確化するためのプロセスです。理想とする英語力がわかり、それが身についた時と身につけられなかった時の将来像をイメージして、心から「こんな英語力をつけたい！」と思えたら、それを言語化しましょう。

あなたが英語を勉強するのは、何のためですか？

本当に「ほしい」と思える英語の力とは、どんなものですか？

英語学習の障害になっているものは何か

次に、「⑥現状を打破するために必要な英語学習」と「⑦優先順位」を考えます。明確になった「英語学習の目的」と「第3章と4章で見てきた英語学習法」を照らし合わせて、どんな学習法を行うべきかを確定させるわけです。

必要な学習法を列挙したら、その優先順位を整理しておきましょう。リスニング、会話表現力、リーディング力などは「どれか一つだけあればいい」ということはあまりないものですが、目的によって「力を入れて取り組むべき順番」は決められるはず。

次のステップは「⑧1日、1週間、1カ月の行動パターンを振り返り、英語学習に充てられる時間を見つける」「⑨いつ、何を、どうやるかを決める」。

リスニング力アップを図る「聞き流し」は、耳に音を入れられる状況ならいつでもどこでもできますから、忙しい方でも「朝の身支度中に」「食事中のBGMがわりに」「通勤中の電車やクルマの中で」など、実践できるタイミングが見つかるはず。「すき間時間」「ながら時間」を上手に活用しましょう。もちろん、週末などに集中して英語学習に充てられる時間があれば確保します。自分の目的に合った英語学習法、目的に合った教材を考え、見つけた時間に当てはめてみてください。

今の生活パターンを振り返る際は、「英語化できる習慣がないか」という視点を持って考えるのがお勧めです。テレビをよく見るという方なら一部を英語のコンテンツにする、ウェブのニュースをチェックする時に英語サイトも利用するなど、無理なく楽しく始められるものがないかどうか考えます。

実践すべき学習法が整理できたら、ここでちょっと「⑩行動（英語学習）の障害になっていることは何か」を考えてみましょう。この本を手にとってくださっているみなさんの中には、おそらく「英語を学びたいという気持ちはあるけれど、これまでは実践できていなかった」「思ったように勉強がはかどっていない」という方もいらっしゃるでしょう。英語に手をつけられない理由は何でしょうか？「趣味や仕事が忙しくて、学習時間が取れない」「一度挫折してしまったために、なかなか再開に踏み切れない」「何から手をつけていいかわからない」など、何か思い当たることがあるのではないでしょうか。

これから英語学習プログラムを実践していくにあたって、「障害になっていること」は工夫や考え方次第でクリアできることを確認しておきましょう。

学習時間が取れないという人は、今の生活の中でできる「ながら学習」や「すき間時間の活用」から始めれば大丈夫。過去に挫折してしまったという人は、どんなに昔のことであっても、やった勉強は決して無駄になっていないのだということを知っておいてください。「受験で覚えた単語をすっかり忘れてしまった」などという方は少なくありませんが、記憶の引き出しに入れた単語は、使えばちゃんと出てくるものです。何から手をつけていいかわからないという方は、「具体的な学習プラン」をつくりさえすれば、もう心配は不要です。

学習プランをみて、モチベーションが上がるか?

最後に、つくった学習プログラムをチェック。「⑪やりたいと思えるか、実際に学習プログラムを実践している自分が無理なくイメージできるか」を確認してください。「あまりやりたくない」「続ける自信がない」というものが入っていると、モチベーションがうまく維持できないことが少なくありません。せっかく立てた学習プランが実践できないと、自分を責めてしまい、さらにモチベーションが低下するという悪循環に陥ってしまうこともあります。

学習プログラムは、「やりたいもの、実践できると思えるもの」で設計することが大切。また、計画は完璧を期して立てる一方で、「パーフェクトにこなそう」と意気込まないのもポイントです。繰り返しになりますが、たとえまったく勉強できない日があっても、それまでにやった分は無駄にはなりません。「学習プランは8割実践できればOK」と考えておきましょう。

英語学習プログラムづくりのステップの解説は以上です。ここからは、みなさんのプログラムづくりのご参考に、私が英語学習相談に乗ったケースをタイプ別に3つ紹介します。

39 Rules

英語力を身につければ、仕事の幅が大きく広がる

ケース1 「仕事で使えるコミュニケーション力がほしい」Aさんの場合

なぜ英語が必要なのか

30代女性・Aさんは、出版社で働く雑誌編集者。仕事と子育てを両立中のワーキングマザーです。英語学習は、「再開しなければ……といつも引っかかっている『のどに刺さったトゲ』のようなもの」だといいます。

「今の英語力は、時間をかければ何とか意思は伝えられるというレベルです。海外旅行などで困ることはありませんが、会話は幼稚。仕事で使えるだけの正確さがないのも悩みの種です。英語で自分の意思をよどみなく伝えられて、相手の意図も正しく理解できるよう

になりたいと思っています」（Aさん）

「仕事で使えるだけのコミュニケーション力がほしい」というAさん。では、今のAさんの仕事で英語力が上がった時のメリット、英語力が今のままだった場合のデメリットは何なのでしょうか？

「雑誌編集の仕事では、特集企画の立案などのために広い世界から情報をキャッチしておくことが大切だと思っています。それなのに、東日本大震災の際は海外メディアの情報がよく理解できず、自分にがっかりしました。英語でスムーズに情報を得られれば、仕事の幅がぐっと広がると思います。また、今後は英語の取材も増えてくるのではないかと思いますが、現状では決まり切った挨拶くらいしかできませんから、取材相手と英語で良好な関係を築くことはできません。英語でコミュニケーションできるようになれば、躊躇せず英語取材に臨めると思うのですが……」

もし今のまま10年、20年と経過したら、どんな未来が待っているでしょうか？　Aさんは今後、英語ができる若手編集者が増えてくるはずと予想しているそう。

「英語メディアから情報を得てグローバルな視点で企画をつくることは当たり前になるで

しょう。英語力がないばかりについていけなくなれば、自分の存在意義が薄れていきそうです。それをごまかそうと、若手に向かって、『昔は～』と過去の話ばかりを持ち出すような上司にはなりたくありません……。自在に英語で情報を得て企画に反映し、英語学習法を後輩にアドバイスできるくらいになったら、自信を持って働き続けられると思います。英語という『のどのトゲ』が抜けることで、自己肯定感も高まりそうです」

自分の気持ちや今の仕事、将来のイメージと向き合う中で、Aさんの英語学習の目的が見えてきました。最初は「仕事で使える英語コミュニケーション力がほしい」と話していたAさんですが、まず身につけるべきは「企画立案に活かせる情報を英語で収集する力」。さらにいえば、英語活用シーンをイメージすると、「正確に使えること」よりも「スピーディーに間違いなく情報を把握すること」のほうが重要です。

こうした気づきを踏まえて、Aさんは「海外メディアからスピーディーに間違いなく情報を取得できるようになることが最優先。最終的には、情報を取得するだけでなく、英語での取材要請が来た時に躊躇せず引き受けられるコミュニケーション力も身につけたい」と英語学習の目的を設定しました。

目的&ライフスタイルに合った学習プログラムづくり

目的が明確になったら、いよいよ学習プログラムをつくります。一気にあれもこれもと欲張ると息切れしてしまうかもしれませんから、優先順位を意識してやるべきことを整理しましょう。Aさんの場合、まずトレーニングしたいのは情報収集のためのリーディング力。次いで必要なのはリスニング力と会話表現力です。「まずは外国人と会話を続けられるレベルを目指し、いつかは英語で取材できるようになる」というのが目標。仕事をするうえで、メールで意思を伝えられる程度のライティング力もあったほうが望ましいといいますが、優先順位は低めです。

Aさんは、「英語の女性誌やウェブサイトでリーディング」「海外ドラマやYouTubeを活用したリスニング」を中心に学習プログラムをつくることにしました。生活パターンを振り返って作成したプログラムが、次ページの図15。無理に英語学習時間をつくらず、興味のある分野や仕事につながる分野から、生活の中に英語を取り入れています。

これまでAさんは、「今すぐ英語力をアップしなくても困らないし、中途半端に手をつけて労力が無駄になるのが怖い」という理由で英語の勉強に手をつけられなかったそうです。しかし、英語力を身につけなければ仕事の幅が広がらないという事実と向き合い、英語学習の目的を明確にすることができました。

「一度覚えたことは、頭の引き出しに残っているものなんですね。それをスムーズに引き出してあげられるよう、少しずつ無理のない範囲で継続していきたいと思います」

図15 Aさんの英語学習プログラム

7時	起床。身支度しながら、海外ドラマの音声を聞き流し。
8時40分	家を出る。通勤中は音楽プレイヤーで海外ドラマの音声を聞きながらシャドーイング。電車の中で15分間、海外女性誌『コスモポリタン』や『オプラ・ウインフリーマガジン』を、不明点を確認しながらリーディング。
9時30分	出社、仕事開始。さらっとニュースのヘッドラインをチェック。「ニューヨーク・タイムズ」「ヘラルド・トリビューン」「LAタイムズ」「ABC」を「お気に入り」に入れておき、活躍する女性の話題を中心にピックアップしてプリントアウト。1日1つ、ニュースのヘッドラインなどから新しく覚えたい単語を選び、付箋紙に書いてパソコンの角に貼って眺める。単語を書いた付箋紙は英語学習用のノートに貼ってためていく。
12時	ランチ。20分間、iPod touchで英語のポッドキャストを聞く。
18時30分	退社。電車の中でリスニング&プリントアウトしておいたウェブのニュースを読む。わからない単語は後で調べられるよう、マーカーで印をつける。何が書いてあったのかを、日本語と英語で要約。
20時	保育園への子どものお迎えの後、帰宅。夕食中はYouTubeで『セサミストリート』を流しておく。
21時	入浴。お風呂でポッドキャストを聞く。
22時	子ども就寝。電車の中でマーカーを引いておいた単語を調べ、単語帳に記入(プリントしたウェブの英語記事はファイリングして保存しておき、1冊たまったら読み返して単語力や読むスピードが改善されていることを確認。ファイルが増えることで達成感を味わえるしかけをつくる)。英語のサイトや『コスモポリタン』『オプラ・ウインフリーマガジン』などを読む。
23時30分	就寝。

40 Rules

英語を自由にあやつれる「具体的で楽しい未来」を想像する

ケース2 「何となく、もう少し英語ができるようになりたい」Bさんの場合

英語学習の目的を明確にする

30代の女性・Bさんは、ウェブサイト制作を請け負うフリーのデザイナー。美術系の大学に進学して以降は英語の勉強は一切しておらず、英語力のピークは大学受験の時だったといいます。仕事で英語が必要になったことはほとんどないそう。

「仕事では、海外のウェブサイトでデザイン素材を探したりたまに注文したりする程度ですし、海外旅行では単語を連呼して身振りを加えてどうにかコミュニケーションを取ってきました。ふだんは英語が使えなくても困らないし、勉強したいという気持ちもそんなに

なかったんです。でも、ここ2年くらいは『もう少し英語ができるようになりたいな』と思っています。きっかけは、4年ほど前から見始めた海外ドラマ。最初は地上波の吹き替え版を見ていたんですが、すっかりはまってしまって、2年ほど前からケーブルテレビを導入したんです。字幕版でたくさんの番組を見るようになると、たまに聞き取れる英語の表現が気になり出して、英語のニュアンスそのままに楽しめたらいいのに、と感じるようになりました」(Bさん)

では、Bさんは今の自分の英語力にどんな不満があるのでしょうか。

「海外ドラマもそうですが、洋楽の情報なども英語で理解できたら、もっと趣味が楽しめるのではと思います。それから先日、たまたま従妹《いとこ》の友人の外国人と話す機会があったんですが、日本語をそのまま英語に置き換えようとして言葉に詰まってしまって、ほとんどコミュニケーションできなかったんです。趣味が合いそうな人だったので、もうちょっと何とかならなかったのかな、と……」

理想の英語力は、外国人と会った時に困らず、趣味の話ができるくらいの日常会話力だとBさんはいいます。また、海外ドラマや映画は、字幕で省略されている部分を聞き取って理解できるようにもなりたいそうです。

では、これをもう少し具体的にイメージするとどうなるでしょうか。外国人と、趣味について英語で話せた時、どんな世界が広がるかを考えてみてもらいました。

「仲よくなれたら、臆せず一緒に行動できそうですね。先日会った人はギターを弾くのが趣味のようでした。私はベースを弾くので、楽器を持って2人でスタジオに行って練習したりもできるかもしれません」

こうした「具体的で楽しい未来」を想像することは、学習の目的を明確化するだけでなく、英語学習のモチベーションを維持するという意味でも大変重要です。

次に、さらにモチベーションを高めるために、10年後、20年後の自分の姿をイメージしてみます。英語力が上がった時のメリット、デメリットはなんでしょう。Bさんは「仕事では英語は必要ない」といいますが、英語ができるようになることで何か新しい可能性が生まれることは考えられないでしょうか？

「英語ができない状態のまま年を重ねると、英語を使う必要があった時に対応できなかった自分を思い出して後悔する、ということを繰り返すことになりそうです。それは悔しいので、できれば避けたいです……。仕事では、今後、英語のサイトをつくってほしいという依頼があるかもしれませんね。デザインの仕事は中身への理解がなければできませんから、今の英語力のままではそういった仕事は断らざるをえないでしょう。これも、フリーランスとして生きていくうえでは不安。これから英語力を伸ばしていければ、趣味の人間関係が広げられるのはもちろん、英語サイトの制作、外国人の取材への立ち会い、外国人モデルの撮影ディレクションなどのチャンスがあった時、『できますよ』といって自信を持って引き受けられるようになるのではないかと思います」

Bさんの場合、まずは日常会話表現を身につけることのほか、趣味に関する表現を積極的に取り入れることが学習プログラムづくりのポイントになるでしょう。また中長期的には、仕事に備えて「クライアントから受け取る資料が英語でも対応できるリーディング力」や、取材や撮影の立ち会いで英語が必要になった時に適切なコミュニケーションができる、ビジネスシーンでも違和感のない表現力もつけていきたいところです。

目的&ライフスタイルに合った学習プログラムをつくる

Bさんの学習プログラムづくりは「リスニング」「会話力」「リーディング」の優先順位

で考えていくことになりました。
趣味で海外ドラマを見ている時間は、字幕も英語にしたり、字幕なしで見たりすることで、そのまま大量聞き流しやシャドーイングなどの学習時間にできそうです。また、「英語で話そうとすると、日本語をそのまま英訳しようとしてしまう」という弱点を克服するには、海外ドラマを見ながら、そのシーンの行動や心理に当てはまる英語表現をそのまま覚えるのが効果的でしょう。Bさんの生活パターンに沿ってつくった学習プログラムが図16です。

Bさんがこれまで英語学習に踏み切れなかったのは、「それほど英語を使う機会が

図16　Bさんの英語学習プログラム

昼〜夕方	フリーでデザインの仕事をしているので、日中は一人でパソコンに向かっていることがほとんど。この間、iPodに入れた海外ドラマの音源を専用スピーカーから流しっぱなしにし、3〜4時間を聞き流しに充てる。教材は、日常会話表現が仕入れられるアメリカの人気ドラマ『SEX AND THE CITY』に。
深夜0〜3時	平日深夜が海外ドラマの視聴タイム。録画しておいた番組を週に2〜3日、0〜3時頃に見ることが多い。それぞれ1〜2時間は英語字幕での視聴に充てる。好きなセリフや使えそうな会話は繰り返し見て発音し、メモをとる。覚えたい表現や単語を大きめのラベルシールに書いて家の中の目につくところに貼る。

【そのほか、日常生活に組み込むこと】
・外国人の知人に積極的に声をかけ、会話する機会を増やす
・洋楽で弾き語りできるレパートリーを増やす。歌詞は意味を調べ、感情を込めて歌う
・趣味のベース、ギター、サックスに関する洋書や海外雑誌を取り寄せて読む
・海外ドラマの表現などで疑問に思ったことがあったら、英語を話せる知人に質問して解消する

ないから、多少自分で勉強したところで、会話力は上がらないのでは」と思っていたから だそう。しかし、英語を話す機会は自分からつくればいいのです。今後は日常生活で英語を取り入れるだけでなく、せっかく知り合った従妹の友人などにも連絡を取り、外国人と接する機会を意識的につくって一緒に趣味を楽しんでもいいと思います。

41
Rules

どんな「英語力」を優先したいのか

ケース3 「勤務先のグローバル化に備えたい」Cさんの場合

英語学習の目的を明確にする

Cさんは、国内のメーカーに勤める20代後半の男性。今は国内の取引先を相手に営業の仕事をしているので、仕事で英語を使うことはまずないそう。しかし国内市場が低迷する中、会社は海外売上比率を高めるという方針を打ち出しており、いずれは英語で仕事をする必要に迫られる可能性が高いと考えているといいます。

「学生時代は英語が好きでしたし、辞書さえ使えば英語を読むのにそうストレスは感じません。でも、聞いたり話したりするのはまったく自信がないんです。ビジネスシーンで困

らないリスニング力、会話力をつけたいんですが……」（Cさん）
ビジネス上の会話がスムーズにできるようになりたいというCさんですが、理想とする英語力がちょっと漠然としているようです。
ビジネス英語の場合、実際に英語を使う場面を想像し、「英語で何ができるようになりたいか」を明確にする必要があります。「ビジネス英語」というだけで目標設定を終えたつもりになってしまう方は少なくありませんが、ビジネス英語といってもその中身は様々。「英語でメールのやりとりができれば仕事は問題なく遂行できる」というケースもありますし、外国人が同じフロアで働いているという場合なら「人間関係を円滑にするために、相手の日本語力にばかり頼らず、英語でちょっとした日常会話ができたほうがいい」ということもあるかもしれません。英語の会議に出る機会があるという人でも、「議事録を取る」「会議を進行する」「プレゼンする」など、会議の場で求められる役割、あるいは優先的にできるようになったほうがいいポイントは異なるでしょう。社内のコミュニケーションだけでなく、社外のお客様を相手に英語を使うのであれば、聞きやすい発音、丁寧な表現を身につけるべきです。契約書を交わす必要があるなら、契約締結に必要な英語表現を知るのが先決。転職を希望するなら、まずは英語で面接を受けられるようにトレーニングするのがお勧めです。

Cさんには、図17の項目を見て、現時点で自分が希望するキャリアに合わせて身につけたい英語力を考えてみてもらいました。

「世の中のグローバル化の流れに取り残されないよう、本当はできるだけ早く海外営業の仕事に挑戦したいと思っています。その場合、すぐ必要になるのは、おそらくメールや電話でのやりとりですね。もちろん英語でのプレゼンテーションはできたほうがいいと思いますし、クライアントと交渉できるくらいの英語力も

図17　「ビジネス英語」を分解すると……

①メールで業務に必要なやりとりができる
②電話で業務に必要なやりとりができる
③同僚とおしゃべりできる
④対面会議に参加し、内容を把握できる
⑤対面会議の議事録が取れる
⑥対面会議を仕切れる
⑦対面会議でプレゼンができる
⑧電話会議に参加し、内容を把握できる
⑨電話会議で議事録が取れる
⑩電話会議で仕切れる
⑪電話会議でプレゼンができる
⑫面接が受けられる
⑬英語で採用面接を実施できる
⑭自分の専門分野の情報を英語で収集できる
⑮社外と交渉できる
⑯契約を締結できる
……

必要になるかもしれません」

英語力をつけた場合のメリット、英語の勉強を始めなかった場合のデメリットは何でしょうか？

「ウチの会社は、自分から手を挙げて異動希望を出すことができます。でも、同期や後輩は帰国子女や留学経験者も多いので、現実的には今の英語力ですぐ海外営業に異動させてもらうことはできないと思いますし、自信を持って手を挙げられません。業務に最低限必要な英語力を身につけて、会社がグローバル部門への配属の参考にしているＴＯＥＩＣスコアの基準をクリアできれば、堂々と『海外営業に異動したい』と希望を出せると思います。将来的には海外赴任なども視野に入ってくるかもしれません」

Ｃさんの場合、「実際にビジネスシーンで使えるメールと会話の表現」を身につけること、リスニング力を高めることなどで英語の運用力を高めるほかに、ＴＯＥＩＣで一定以上のスコアを出して〝海外営業へのパスポート〟を手にする必要がありそうです。

目的&ライフスタイルに合った学習プログラムをつくる

Cさんの学習プログラムは、まずは「TOEIC対策」を優先し、同時に「ビジネス会話力」「リスニング力」にも少しずつ取り組んでいくという方針でつくることになりました。

TOEIC対策は、語彙力の強化を中心に、スコアを上げるためのテクニックを押さえる学習法を実践するのが効果的。ビジネス会話は、「暗記が苦にならない」というCさんの性格に合わせ、ビジネスシーン

図18　Cさんの英語学習プログラム

7時30分	起床。英語のラジオニュースを聞き流し。
8時20分	家を出る。駅まで歩く間はiPodにダウンロードした英語のポッドキャストをリスニング&シャドーイング。電車の中ではTOEIC対策用の単語集を見て例文を頭の中で読みながら覚える。
9時	出社。仕事を始める前に、その日覚えたい単語を1つピックアップして付箋紙に書き、デスクの上の目につきやすいところに貼っておく。
10時	外出。営業先への移動の間はポッドキャストをリスニング&シャドーイング。疲れた時は聞き流しに切り替える。電車移動の間は単語集を見て覚える。
12時	ランチ。10〜20分、食べながらリスニング。食事は早めに切り上げ、30分くらいTOEICの文法&リーディング対策の問題集を解く。解説を読み、間違えたものには印をつけておく。
18時30分	帰社後、会議や日報の提出などを終えて退社。帰宅時は引き続きポッドキャストのリスニング&単語帳。
19時30分	帰宅。食事を終えるまで英語のラジオニュースの聞き流し。
21時	入浴。NHKのラジオ「実践ビジネス英語」のテキストを持ち込んで音読、暗記。
22時	TOEICの文法&リーディング対策の問題集を解く。疲れた日は好きな洋画のDVDを英語字幕つきで見る。
23時	就寝。

【そのほかにやること】

週末は土曜日の午前中に2時間、TOEICの問題集を解く

で使われる表現をある程度まとめて覚えてしまうことにしました。Cさんの生活パターンに沿ってつくった学習プログラムが、前ページの図18です。

Cさんは「リスニング力や会話力が足りない」という意識が強く、「まずはコミュニケーション力をつけたほうがいいのでは」「TOEICは英語を聞いたり話したりできるようになったら挑戦してみよう」と考えていたそうです。しかし、英語で仕事をするチャンスを得られれば、多少コミュニケーション力に難があっても、現場で英語力を伸ばすことも可能です。「まずは異動希望がかなうよう、TOEIC対策を優先する」と決め、「どんなふうに英語を使いたいか」を具体化して「ビジネス会話表現を覚える」という運用力強化のポイントも押さえることができたので、学習プログラムをスムーズに決められました。Cさんは現在、1年後にTOEICで850点を取得することを目指して勉強中です。

42
Rules

英語学習はいつでも、どこでも簡単にできる!

"目からウロコ"の学習法リストをチェック!

Aさん、Bさん、Cさんの学習プログラムを見てわかるのは、忙しくても、意外と英語の勉強はできるものだということです。特に日本人が苦手といわれるリスニングは「ながら学習」に向いており、英語を聞く習慣をつけてしまえば耳は徐々に鍛えられていきます。

また、リーディングも場所をあまり問わずにできる柔軟性の高い学習法。これまで自分が日本語で読んできたウェブサイトのニュース、マンガ、趣味の雑誌、小説などを振り返り、それを英語に置き換えることを考えてみましょう。お笑いが好きなら海外のコメディ雑誌を読んでもいいでしょうし、料理が好きな方は英語のレシピ本を買ってみるのもお勧めです。

学習プログラムをつくる際に何をすればよいか悩んだら、図19(224~226ペー

図19　工夫次第でいつでもどこでもできる！ 英語学習法リスト

読む

教材は?	いつ、どこでやる?	どうやってやる?
■海外の雑誌（自分の興味関心に合ったもの） ■英字新聞（時事を仕入れたい人に） ■英語の絵本やマンガ（絵が多いのでニュアンスがわかりやすい） ■英語の小説などの本（翻訳があるものだとわからない時に参照できる） ■映画の脚本（自分が英会話で使いたい場面にできるだけ合ったものを選ぶ） ■自分の得意分野に関する英語入門書（いわゆるdummies series＝猿でもわかるシリーズ） ■ネットサーフィンで行き着いた英語のサイト ■趣味、興味関心につながる英語キーワードをリストアップし、ネットで検索して「おもしろそう」と思ったページ ■取扱説明書の英語ページを読む（動詞と前置詞の勉強に向く） ■輸入商品のラベルや成分表を読む ■会社の英語資料を読む（自分の仕事に関連がある＝すぐ使える表現が多い） ■会社のウェブサイトのIRページにある英語資料を読む ■自分が働く業界企業の海外競合他社のサイト（仕事で使える表現が多い） ■ネットで探したビジネス文書のサンプル ■『ニューズウィーク』『タイム』（『ニューズウィーク』は日本語版があるので通訳・翻訳者を目指す方に向く） ■『ハーバード・ビジネス・レビュー』（キャリアアップにつながるヒントが多い） ■辞書の例文 ■英会話教材のスクリプト ……など	■1人で食事をとっている時に ■仕事の合間の休憩中に ■仕事の調べ物を英語に置き換える ■趣味で読むものを英語に置き換える ■単語やフレーズなら紙に書いてトイレ、洗面所、キッチンなどに貼る ■パソコンのスクリーンセーバーに覚えたい単語やフレーズを表示させる ……など	■読み流し＆要約のみ ■読み流し＆要約＆覚えたい単語やフレーズをマーカーでハイライトして調べ、単語帳や付箋紙などに書き留めて覚える（ウェブサイトの場合はプリントしてファイリングする） ■サイトラで精読＆要約＆単語やフレーズを覚える ■音読する ■日本語訳のあるものとつきあわせながら精読 ■自分が使いたいシーンに合う会話表現を暗記する ……など

聞く

教材は?	いつ、どこでやる?	どうやってやる?
■NHKラジオなどの語学番組 ■海外ドラマ、映画(目的に合わせて内容を選ぶ) ■洋楽(英語と日本語で歌詞を確認しておくとよい) ■ポッドキャスト(60 minutes、BBC science など。Indiacast はインド人の、Australiaはオーストラリア人の発音のクセになれるのに最適) ■iTunes U(アップル社による無料の大学講義音声・映像ダウンロードサービス)で自分の得意分野や勉強したい分野の講義を探す ■YouTube(好きなタレント、企業経営者、アーティストの名前、気になるテーマなどで検索。上級者にはダボス会議の映像がお勧め。言葉が洗練されていて、ものによっては字幕もある) ■海外ニュースサイトの音声(iPhone などスマートフォンのアプリを使う) ■ケーブルテレビなどで海外ニュースを視聴(ABCニュースはアメリカ人の典型的視点が学べる。CNNは情報は浅めだが視点がグローバル。BBCは英国人的発想がわかる&中立性を保った内容に定評がある) ……など	■自宅で身支度や掃除、料理、入浴などの時に「ながら聞き」 ■通勤中や仕事中、1人で食事をとっている時に「ながら聞き」 ■テレビで見るものを英語コンテンツにする ■趣味で聞く音楽などを英語のものにする ……など	■できるだけ聞き流し。起きてから寝るまで、食事中もかけておく。スピーカーでもいいが、ヘッドフォンやイヤフォンを使ったほうが効果が高い ■移動中にiPodなどのMP3プレイヤーやスマートフォンで英語のコンテンツを聞き流し ■会社で仕事中も、片方の耳だけでも聞ければ聞き流し ■移動中などに耳から意味を取ろうと意識して聞く「集中リスニング」&シャドーイング ■海外映画やドラマなどは英語字幕or字幕なしで集中リスニング&シャドーイング ■ディクテーション ……など

ジ)の英語学習法リストを参考にしてください。「読む」「聞く」「話す」「書く」という4つの技能について、「どんな教材を使えばいいか」「いつ、どこでやるか」「どうやってやるか」の例をまとめています。

きっと、「この教材は自分に合いそうだ」「このすき間時間の使い方はまねできる」「こんな方法もあったのか!」など、プログラムづくりのヒントが得られるのではないかと思います。

話す

教材は?	いつ、どこでやる?	どうやってやる?
■リーディングやリスニングで、自分が英語を使いたいシチュエーションに合った会話表現を仕入れる ■社内に外国人がいる場合はプレゼンなどを録音して教材にする ■NHKラジオ『実践ビジネス英語』(解説に定評あり。ビジネスパーソンには必須) ……など	■独り言。自宅ではブツブツ、電車や街中、仕事中などは心の中でブツブツ ■相手を見つけて英語で話す時間をつくる ■ネットで相手を見つけてSkypeで英語を話す ……など	■独り言ならペットに英語で話しかける、1日を振り返って英語で説明する、見たものを英語で説明する、思ったことを英語で言ってみるなど ■社会人ディベートサークルに入る ■英語ができる人にプレゼンテーションを聞いてもらう ■街中で外国人に声をかけてみる ■アイリッシュパブに行く ■英会話学校に通う ■自宅でオンライン英会話サービスを利用する ■ボランティア通訳をする ……など

書く

教材は?	いつ、どこでやる?	どうやってやる?
■ネイティブに書いたものを見せ、間違っているところを指摘してもらう環境をつくる。外国語を学ぶ人の日記相互添削サービス「Lang-8(ランゲート)」などを利用してもよい	■電車の中や歩いている時に、思いついたことを手帳や携帯に英語でメモする ■会社の休み時間などに、思ったことを英語で書いてみる ■ブログなどネットへの書き込みを英語にする ■時間をつくってまとまった長文を書いてみる ……など	■日記を書く(日本語と交ざっていてもOK、辞書を使わず知っている簡単な英語で書いてみる) ■Facebook、Twitterで英語を使ってみる ■外国人の友人と英語でチャットをする ■英語のエッセイを書く ■新聞の社説など日本語の読み物を要約し、英語で書く(上級者向け) ■英文でメールを書く ……など

もちろん、このリストにない方法を自分で編み出してもOK。みなさんに感じてほしいのは、「英語学習はいつでも、どこでもできるものなのだ」ということです。ぜひ、日常生活の中で英語に触れるシーンを組み込んでください。

学習プログラムを立てて英語学習を始めたら、1カ月後にプログラムの見直しをしましょう。やりにくいと感じる点はないか、このまま継続していって目標が達成できそうかを考え、必要に応じて内容を調整してください。

「やってみたけれどレベルが合わず、楽しめなくて続かなかった」といったこともあると思いますが、それは当然のこと。私もずっと、「こうやったらいいかな」「こんどはあれをやってみよう」と試行錯誤しながら英語学習法を編み出してきました。「押してダメなら引いてみる、引いてダメなら叩いてみる、叩いてダメなら蹴飛ばしてみる」というくらいの気持ちで臨みましょう。

失敗したら、自分がやりやすいように方法を変えてやり直せばいいのです。「これをやって効果があるのかな」と迷うのであれば、まずは思い切ってやってみること。その一歩を踏み出した先にしか、「理想の英語力を身につけた未来の自分」はいないのですから。

おわりに

「誰でも必ず、英語は使えるようになる。忙しくても、英語はものにできる。それなのに自分に合った学習法がわからないために、足踏みしている人が多いのはもったいない」――英語を勉強したいという人、意欲があるのにどうしていいかわからず困っている人から相談を受けるたびに、私はこの現状を何とかできないかと考えてきました。

日に日に高まる英語の重要性を考えれば、一人でも多くの方が英語を使えるようになることが、今後の日本に活力をもたらすことにつながるといってもいいのではないかと思います。この本は、英語力を伸ばしたいと悩む方々に向けて、本当にその人に役立つ学習法とは何かをお伝えすること、そして実際に英語学習シーンで利用価値の高い情報を数多く盛り込むことを念頭に執筆しました。

本書を読み終えてくださったみなさんが「これなら英語を勉強できそうだ」「まずは

やってみよう」と前向きな気持ちを持つことができ、未来の日本を支えるグローバル人材として活躍していってくださるのであれば、著者としてこれほどうれしいことはありません。

英語を使いこなせるようになると、世界がぐっと広くなります。

かつての私は短大の卒業すら危ぶまれるほど勉強が不得意で、自分に自信を持つことができませんでした。しかし、英語を勉強したことでチャンスをつかみ、様々な経験を経ながら今日までキャリアアップしてくることができました。ビジネスの世界でも、趣味の世界でも、英語というツールがあることで可能性は大きく広がります。

さらにいえば、英語をものにすると、自分をとりまく世界も大きく変わります。

ここまでいうと「オーバーだな」と思われるかもしれませんが、これは私自身が強く感じていることです。「世界が変わる」とは、より詳しくいえば「視野が広がり、複眼的に物を見ることができるようになる」ということ。

かつて、日本では「女性は25歳までに結婚できなければ〝売れ残りのクリスマスケーキ〃のようなもの」などといわれていました、アメリカでは高齢で結婚することが珍しくありませんし、若さだけをもてはやす風潮はありません。英語を通じて日常的に海外の文化に接するようになると、日本の〃常識〃だけにとらわれることがなくなり、より自由で多様な価値観の中で生きていけるようになります。

もう一つ例を挙げましょう。東日本大震災、そして福島第一原発の事故が発生した時、私は日本のニュースだけでなく海外のニュースを直接チェックしていました。一般に、同じニュースでも日本と海外の報道番組では取り上げられ方が異なります。海外の報道機関もいっせいに日本へ取材部隊を送り込んで迅速にニュースを配信しており、ＢＢＣなどはＮＨＫの報道に先んじて情報を出していることも少なくないように感じました。国内と海外の両方の見方を知ることは、適切に感情をコントロールしたり物事を冷静に判断したりするために、非常に重要な役割を果たしてくれました。

日本の人口は、約１億２０００万人。それに対して、世界の英語人口は約14億人といわれています。単純に考えれば、英語を身につけることによって、今の14倍の情報にアクセスできるようになるわけです。そこでは、「翻訳されるのを待っていては出合えない最新の情報」や「自分の目を開かせてくれるような異文化の考え方」があなたを待っています。

あなたは、自分の世界を広げ、大きく変えてみたいと思いませんか？

やると決めれば、そのチャンスはどんな人でも手に入れることができるのだということを、どうか忘れないでください。

この本によって、多くの方が自分に合った学習プログラムをつくり、効果的な英語学習を実践して英語力を伸ばし、目標を達成してくださることを祈っています。

Nothing ventured, nothing gained. Give English a try!

２０１１年10月

小熊弥生

〈著者紹介〉
小熊弥生（おぐま・やよい）
同時通訳者、バイリンガルMC、英語モチベーションアップセミナー講師。1971年生まれ。91年実践女子短期大学国文科卒業、2004年早稲田大学社会科学部卒業。短大卒業後に通訳者を目指すも、英語力は英検4級、TOEIC280点と〝平均以下〟からスタートを切る。独自の勉強法を駆使し、半年後にTOEIC805点を取得して大手英会話学校講師に。その後、TOEIC950点、英検1級、通訳検定2級を取得し、短大卒業から3年半で通訳者デビューを果たす。現在はフリーの同時通訳者として、主にビジネスシーンを中心に活躍中。世界的ベストセラー作家のアンソニー・ロビンズ氏やノーベル物理学賞受賞者の来日講演、F1ドライバーのヤルノ・トゥルーリ氏取材、タグ・ホイヤー150周年記念記者会見、有名企業CEO来日記念取材など数々のイベントで通訳を務める。10年7月から『世界衝撃映像社』（フジテレビ）にレギュラー出演し、〝バラエティーもできる通訳〟として新たな領域を切り開いている。自身の経験をベースにした「英語モチベーションアップセミナー」では一人ひとりの目的に合った効果的な学習プログラムづくりを指南。英語学習への意欲を引き出す講演が好評を得ている。Twitterアカウントは@Interpreteryayo。

TOEICテスト280点だった私が半年で800点、
3年で同時通訳者になれた42のルール
2011年10月25日　第1刷発行

著　者　小熊弥生
発行人　見城 徹

GENTOSHA

発行所　株式会社 幻冬舎
〒151-0051　東京都渋谷区千駄ヶ谷4-9-7

電話　03(5411)6211(編集)
03(5411)6222(営業)
振替00120-8-767643
印刷・製本所：株式会社 光邦

Printed in Japan
ISBN978-4-344-02084-9　C0095
幻冬舎ホームページアドレス　http://www.gentosha.co.jp/

この本に関するご意見・ご感想をメールでお寄せいただく場合は、
comment@gentosha.co.jpまで。